雷鑫 著

中国旅游出版社

项目策划：雷鑫
责任编辑：张锋
装帧设计：开开

图书在版编目（CIP）数据

厦一站·心行/雷鑫著.--北京：中国旅游出版社，2017.5
ISBN 978-7-5032-5817-6
Ⅰ.①厦… Ⅱ.①雷… Ⅲ.①旅游指南－厦门 Ⅳ.
①K928.957.3
中国版本图书馆CIP数据核字(2017)第088910号

书　名：厦一站·心行

作　者：雷鑫著
出版发行：中国旅游出版社
（北京建国门内大街甲9号　邮编：100005）
http://www.cttp.net.cn　E-mail: cttp@cnta.gov.cn
营销中心电话：010-85166503
排　版：厦门市宫保第文化传播有限公司
经　销：全国各地新华书店
印　刷：厦门集大印刷厂
版　次：2017年5月第1版　2017年5月第1次印刷
开　本：787毫米×1092毫米　1/16
印　张：12.5
字　数：180千
定　价：48.00元
ＩＳＢＮ 978-7-5032-5817-6

版权所有，侵权必究

幸福思明

海湾公园	03
海滨公园	04
和平码头	05
演武大桥	06
厦门大学与白城沙滩	07
小白鹭艺术中心、黄厝溪头下	08
遇见沙坡尾（艺术西区）	09/10
铁路公园	11
胡里山炮台	12
环岛路	13
文曾路	14
书法广场、音乐广场	15
曾厝垵文创村	16
会展中心	17
观音山梦幻海岸	18

19	日光岩、菽庄花园
20	皓月园与海滨沙滩
21/22	西林别墅、容谷别墅
23/24	亦足山庄、金瓜楼
25/26	黄荣远堂、海天堂构
27	四落大厝、大夫第
28	美国领事馆旧址、汇丰银行公馆、八卦楼
29	廖家别墅、林文庆别墅、番婆楼
30	春草堂与林祖密故居、延平戏院旧址
31	钢琴博物馆、风琴博物馆
32	鼓浪屿音乐厅与毓园
33	林氏府与中德记

幸福思明

34	在鼓浪屿恋上民宿
35	褚家园咖啡馆
36	鼓浪屿龙头路商业街
37	中山路步行街
38	华新路
39	南华路
40	顶澳仔猫街
41	西堤咖啡一条街、官任路酒吧一条街
42	老剧场文化公园与莲花香墅
43	八市
44	南普陀寺、日光岩寺
45	虎溪禅寺、白鹿洞寺、鸿山寺
46	太平岩寺、万石莲寺、天界寺
47	紫竹林寺、进明寺、太清宫
48	鼓浪屿天主堂、协和礼拜堂
49	鼓浪屿三一堂、中山路新街礼拜堂
50	鼓浪屿的前世今生（申遗要素）

乐游湖里

五缘湾湿地公园	53
五缘湾游艇港	54
正阳直升机	55/56
希尔顿逸林酒店	57/58
五通灯塔公园	60
五缘大桥	60
惠和石文化园、喜来登大酒店	61
桥梁博物馆与九朝汇宝博物馆	62
上古文化艺术馆与张仃美术馆	63

contents 目录

乐游湖里

钟宅畲族送王船与福德文化节	64
厦门博饼民俗园	65
海峡文创园与厦门海丝艺术品中心	66
联发华美空间	67
海堤纪念公园与厦门经济特区纪念馆	68
艾美酒店与悦华酒店	69/70
国际邮轮城	71/72
仙岳福地与观音寺	73/74
闽南古镇	75
湖里公园与忠仑公园	76、77
湖里信达 & 风信子 & 跑街	78
太古可口可乐与贝尔兰咖啡	79
厦门朗豪酒店	80

活力海沧

83/84	天竺山森林公园
85	海沧大道
86	青礁院前
87/88	沧江古镇
89/90	日月谷温泉公园
91/92	嵩屿码头
93	石室禅院
94	天竺山香草园
95/96	东方高尔夫球场
97	鑫龙谷休闲山庄
98	儿童公园
99/100	青礁慈济宫
101	腾邦欣欣旅游产业园
102	青礁村

目录 contents

活力海沧

103	厦门市信息化馆
104	厦门海旅温德姆至尊酒店
105/106	厦门中维鼓浪湾酒店
107/108	日月谷温泉酒店
109/110	厦门教师酒店
111/112	海沧民宿
113	两岸颜氏宗亲会
114	开台王的故事
115	青礁村万应庙
116	院前济生缘城市菜地
117/118	东宫9号天缘农庄

富美同安

同安孔庙	121
梵天寺—梅山寺	122/123/124
同安影视城	125
开闽圣地北辰山	126
旧县衙朱子书院	127
城区慢行道	128
五峰山水 顶上人家	129
梦里江南丽田园	130
天岩山素食	131/132
南风轩漆线雕	133
珠光青瓷	134
竹坝	135
金穗园温泉	136
钟灵毓秀盛之乡	137/138

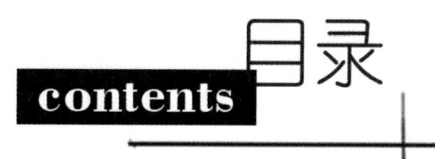

清新翔安

金门县政府	141
宋江阵	142
灯篙王船民俗文化节	143
池王爷文化节	144
新圩三子文化节	145
香山庙会	146
荣杰园台湾水果观光园、农夫城市菜地	147
岩谷咖啡农场	148
英雄三岛战地观光园	149
小嶝休闲渔村	150/151
香山风景区	152/153

154/155	大帽山生态休闲旅游区
156	大嶝小镇台湾免税公园
157	东铸玄雕和贡香
158	斑斓彩
159	文兴瓷
160	小嶝休闲渔村石斑鱼
161	澳头海鲜
162	新圩鹅肉
163/164	紫菜和厦门姜母鸭
165	大嶝煎蟳和蚵仔面线
166	熏鹅拼盘、闽南炸醋肉、原味土猪肉茸汤
167/168	国贸金门湾大酒店
169/170	兴恒大酒店

目录 contents

花开鹭岛

台风之殇，暖心之城	173/174
时尚厦门	175/176
汝南别墅	177
LOTUS 莲（创意手工银饰）	178
美能文化	179/180
江记汕味食府	181/182
柒樂民谣坊	183
时光漫步	184
集食渔乐	185
189 康家龙头海蛎煎	186
66 号公路汉堡	187
鼓浪屿 • 厦门海底世界	188
观复博物馆厦门馆	189
宫保第 • 文化传播	190
舒友 • 凯利之星/凯利之悦	191/192
盛发集团	193/194
同舟济—厦门宝荣通美术馆	195/196
尾声祝福……	197
厦门旅游新媒体矩阵	198

每一本书里，
都饱含着一段时光的缩影，
每一段文字都潜藏着记忆与思绪。
我们将之汇聚于鹭岛，
并守望时光花开……

尼克松
　　厦门是我38年来访问过的全世界上百个城市中最美的一个。
　　　　　　　——1985年时任美国总统尼克松访问厦门时如是说

鲁迅
　　对于自然美，自恨并无敏感，所以即使恭逢良辰美景，也不甚感动。但好几天，却忘不掉郑成功的遗迹。
　　　　　　　　　　　　　　　　　　——《华盖集续编》

郁达夫
　　厦门香港广州的市民中间，混混沌沌地过去，只能感到一点点清凉，秋的味，秋的色，秋的意境与姿态，总看不饱，尝不透，赏玩不到十足。
　　　　　　　　　　　　　　　　　　　　——《故都的秋》

余光中
　　在厦门那半年，骑单车上学途中，有两三里路是沿着海边，黄沙碧水，飞轮而过，令我享受每一寸的风程。
　　　　　　　　　　　　　　　　　　　　　　——《海缘》

汪国真
　　小城在梦里，小城是故乡，小城的石径弯弯，小城的巷子长长，小城没有烟囱长长的叹息，小城没有汹涌的波浪，小城是一位绣花女，小城是一位卖鱼郎。
　　　　　　　　　　　　　　　　　　　　　　——《小城》

易中天
　　厦门是岛。厦门岛很美很美。厦门岛的美丽举世闻名。中国以岛为市的城市并不太多，最有名的也就是香港和厦门。香港的有名是因为它的繁华，厦门的有名则是因为它的美丽。海边的城市多半美丽，如大连、青岛、烟台、珠海，厦门则似乎可以看作它们的一个代表。
　　　　　　　　　　　　　　　　　　　　　——《读城记》

序 言

十年前，她从全厦门2000多名导游中脱颖而出，荣获导游大赛一等奖，随即代表福建出征全国导游大赛，雷鑫这个名字便引起了旅游界的瞩目。从此，她心系旅游写春秋；经营客栈咖啡馆、组建文化传播公司、举办国际选美大赛以吸引海内外游客；同时，写作、编辑、出版旅游图书。从2015年全国出版发行的《舍不去的厦门》，到如今在编的《舍不去的乡愁》，以及大家看到的这本《厦一站·心行》，一步一个脚印，踏踏实实。我见证了她的成长，也为她的不断进步感到由衷的高兴。

《厦一站·心行》这本书以独有的文艺清新风，图文并茂地描绘了厦门市思明区、湖里区、海沧区、同安区、翔安区的景点、景区风貌。既有老景区又有新景点，既展示了民俗文化又传承了城乡记忆，体现闽南韵味，让厦门旅游的品牌和形象更加接地气，传递正能量。一些首次被收录的景点，如院前社、大曦山等，是新农村的典型；而沙坡尾是厦门港的发祥地，朱子书院展现出同安"闽学开宗之地"；滨海渔村、梦幻海岸、蜜月岛则充满了浪漫气息；而漫步街巷甚至海鲜一条街，真的具有"古早味"；送王船、池王爷信仰是民俗的珍宝……这些都体现了本书的创意和创新。

当然，我国已进入新型的大众旅游时代，对旅游供给侧要求越来越高，广大游客从多方面、多层次感受全域旅游、文化旅游、体验旅游、智慧旅游带来的益处和乐趣。美丽厦门的山山水水、边边角角、大街小巷、市场商店乃至艺术表演、节庆会展，都能吸引众多海内外游客，也将逐步满足游客日益增长的需求。

游客可以带一只智能手机游遍天下，也可以带一本书游遍厦门。让广大游客走进美丽厦门，让文化魅力贴近游客心灵，这就是本书所发挥的"留住乡愁"的作用。

厦门著名人文学者

2016年11月11日于鹭江天风阁

生活的琐事，工作的压力，柴米油盐的点点滴滴，这是大多数人都逃不掉的平凡之路，是我们共同的苟且。

然而，为什么我还是要提起笔，把"诗和远方"说起？那是造物者恩赐于生命的某种愉悦，用以与生活言和。这种愉悦，当我骑行在环岛路上，看海风把左边的花开吹向右边的大海时，我有感受！当我赤脚踩在浪尖上，任海水把我的裙角湿了一截再湿一截时，我有感受！当我漫步在鼓浪屿，在涛声与琴声的和鸣中，探访一座座老宅的故事，最后任小巷斜阳把我的身影拉长，印在那片石板路上时，我有感受！而这一切，属于思明。

很多游人的厦门记忆，其实都在思明。他们流连于植物园的万石涵翠；中山路的夜色撩人和曾厝垵的文艺清新；他们沉迷于观音山的童趣、厦大的青春活力和沙坡尾的老故事……而求佛者，则有另一片天地，那是天界的晓钟、虎溪的夜月、南普陀的莲香和鸿山寺的雨……

行走在思明，空气中都是清新的味道，不绝于耳是风的呢喃，心放得很空。

厦一站，思明

滨海浪漫之旅

海湾公园

若有一座公园,能够兼容湖与海的灵性、天与地的光彩、日与夜的美好,来过的人,又怎能不一见倾心?

清晨,穿过起落有致的疏林与湿地,登上覆满青草的人造山丘,向东眺望,筼筜湖的美景在眼前如画卷般展开。碧水明澈如镜,映着天光云影,白鹭悠游展翅,与多彩的朝霞齐飞……转过身,又见远处一片碧蓝浩瀚的海,在晨光里温柔地环抱着几座静静的岛屿,这座美丽的城市,此刻将醒未醒。

夜幕降临,漫步于公园中心的踏星广场,脚下一地繁星与漫天星光遥相辉映,感觉自己站在银河之际。循着温柔的涛声走到海边,白日里一望无际的蓝已隐没在黑暗中,远处的海沧大桥通体透亮,仿佛一座桥架在海天之间,可以通向无尽的远方。目光所及,有座小岛被灯光映衬得美轮美奂,静静浮在夜的海面上,这座小岛,叫作鼓浪屿。

此时仍觉意犹未尽,夜的海边,一排风情各异的酒吧霓虹如织,与三五好友,把浓烈的酒倒个满杯,人生得意须尽欢,趁海风微醺,音乐正好……

海滨公园

每个城市总有些地方，存放着一些人记忆里念念不忘的时光，就像海滨公园之于老厦门人。

那时候，背后的中山路还未有现在的繁华，对面的鼓浪屿也不曾经历起落巨变。海滨公园只是居住在附近的人们闲暇时泡茶下棋、纳凉听戏的地方，他们在许多个早晨或者傍晚来到这里，互道问候，开始寒暄，平常又自然。

难得的是，一直到今天，海滨公园依然还保有着一些它自己的味道，或许，有一些生活方式，值得在漫长岁月里坚持。

在白日将尽的时刻，面海而坐。晚霞染红了鼓浪屿上空的天幕，海面的船只渐渐变成流动着的剪影。旁边老阿伯手里的收音机唱着高甲戏，石凳上几位老阿嬷用闽南语聊着家长里短，我想她们一定也是从年少时一起走到今天的闺蜜，忽然觉得，这样的人生可谓圆满。

我所理解的圆满，是当我们各自经历人生的起落之后，在某个黄昏与你相约在这里，我为你泡一壶陈年的铁观音，你微笑着举杯啜饮，海风吹起银发，心中波澜不惊。

和平码头

如果一座码头陪着一座城市跨越了三个世纪,
它的记忆里,存放了多少风云往事……

它见过太平盛世的繁荣,汽笛声响,从大洋彼岸驶来的远洋商船缓缓靠岸,一时货来人往热闹非常;它经历过战时的兵荒马乱,炮火与它擦肩而过,它却幸运地躲过了浩劫;它等来了和平年代的安稳,厦门首发香港和金门的航线,从它怀抱里温情出发……

不知何时,码头老了,风云散了,故事淡了。

而今的和平码头,早已宠辱不惊,它卸下了肩上的重任,挂上了暖柔的灯火,响起了悠然的乐声,为来此小憩的人们,准备好了美食与咖啡,还有一肚子的故事。那是不该被遗忘的峥嵘岁月与家国往事,那是关于它兴衰起落的前世今生……若你来此,不妨佐以清晨的微风、午后的暖茶或子夜的薄酒,细细品味,慢慢聆听。

从鹭江道驱车驶向环岛路，在进入美丽的海岸线之前，有一段桥，格外使人期待。

演武大桥，世界上离海平面最近的桥梁。车行桥上，微潮的海风拂着脸颊，阳光洒在浩瀚的海上，波光闪闪一望无际，感觉似在海面上自由飞驰，心也像风帆一样涨满，幸福感油然而生。忽然明白为什么有太多的人爱上厦门，美好的城市，一定用每一处风景，展示着它独有的性格与感染力。

站在演武大桥观景平台上，闭上双眼，风从指尖穿过，碧海汪洋仿佛触手可及。远处的海沧、漳州港与鼓浪屿各踞一方，近处的双子大楼映着"厦门蓝"直入云端，这样倾其所有的美，使人不愿放下，不忍离去……

夜色中的演武大桥，笼罩着一层洁白的光晕，如一条巨龙低低盘踞在海面上，顿然了悟"演武卧波"是一道风景，更是一种情怀。远处的鼓浪屿，郑成功雕像巍然挺立，静静地守着这片海峡。此时，如英雄有知，所有功名恐怕也不及这海上的一轮明月吧。

演武大桥

厦门大学与白城沙滩

少年弟子江湖老，而你在岁月里从容地沉淀着你的芳华。

厦门大学

厦门大学

从未见过有一所校园像厦大这样，依山傍海，美不胜收……还在群贤楼群的古老韵致里恍惚，转角又被一树灿烂的凤凰花摄去心魂；行走在杨柳垂岸的芙蓉湖畔，迎面走来的女生青春迫人；仰望嘉庚主楼红色尖顶后那一方蓝天，有种高远的情怀直击胸腔；震撼于建南楼群的宏伟端庄，闭上眼，又被上弦场的怀抱温暖。

然而，从这一砖一瓦一草一木里，我感受到的不仅仅是她的美，还有一种力量，那是自陈嘉庚先生建校伊始，一直传承至今的坚韧与血性、光荣与希望。眼里盛着情人谷的碧水，耳畔响起建南的钟声……流连厦大，似乎懂得了余光中在诗里写下的心情："母校的钟声悠悠不断，隔着/一排相思树淡淡的雨雾/从四十年代的尽头传来/恍惚在唤我，逃学的旧生/骑着当日年少的跑车/去白墙红瓦的囊萤楼上课……"

一朝走进厦大，便梦想成为她的学子，让她赋予我无与伦比的青春岁月。

不觉已是黄昏，走出校门，在白城沙滩上迎风而立，在这里，将会有一场最美的日落。

白城沙滩

小白鹭艺术中心

这张厦门烫金的城市名片，在无数场圆满落幕的演出中、挥之不去的旋律里，触动着每个人的感官与心灵。

2013年10月，由小白鹭民间舞团和厦门艺术学校联合出品的大型闽南风情舞蹈诗《沉沉的厝里情》更是体现了"校团结合"不平凡的奋斗历程。这是一种信仰与坚持的正能量，唤醒了我们对乡愁的记忆。

这场演出你不能错过，美丽的白鹭，也一定能从闽之南飞向全世界！

黄厝溪头下

月上柳梢时，人约溪头下。在厦门环岛路，有一个月牙形的滨海小村，以它独有的美，成为相爱的人们留下幸福影像与甜美回忆的最佳去处，它有一个美丽的名字，叫作"溪头下"。

总是会遇见一对对穿着婚纱的新人，在悠悠庭院、阳光沙滩、蓝天碧海前定格此时此刻的幸福，目光相遇时，忍不住与他们交换微笑，爱带着最强大的感染力，不知不觉也挂上了我的嘴角。

来日，相爱着的人们翻起相册，在这美丽小村里甜蜜相伴的日夜，一定会是他们记忆里最美的时光。

遇见沙坡尾（艺术西区）

正黄昏，夕阳如火般地烧开去，月牙形的海湾里，金色的沙滩连成一片，一艘艘渔船匆匆靠岸，年轻的渔民赶海归来，迫不及待地向盼归的母亲或妻子献上最新鲜的渔获——这是当年的沙坡尾，老厦门的根与源。后来，这里寂寞过。当城市发展的巨轮向前，一座座高楼在四周拔起，昔日的小渔船慢慢于岸边搁浅，避风港里失却了往日的繁华。

变化，缘起于艺术西区的改造。自由滑板、音乐现场、复古集市、原创手工、咖啡美食……当这些潮流元素被小心地植入曾经的冷冻厂那日渐破败的肌理，沙坡尾终于被年轻的文化激活，一个华丽的转身之后，这里是老厦门的798。

现在的沙坡尾，有自己特有的文艺范，它以一种宽容的心态拥抱城市的生与长，每时每刻都生发着极新的文化创意，却又小心地保留过往，始终抱守着最老的渔港情怀。新世界已来，老厦门还在。它与曾经不一样，却又一样，仍是那个可以靠岸的避风港。

沙坡尾是厦港街道所辖7个社区之一,靠近蜂巢山一侧,位于大学路一带,曾是全厦门最繁华的渔港,是孕育厦门城市文明的摇篮。艺术西区是厦门沙坡尾避风坞边上兴起的年轻文化艺术区,位于厦门市沙坡尾60号。这是"沙坡尾海洋文化创意港"项目的第一个改造示范单元,是厦门首个年轻文化艺术区。这里包含了雕塑、陶艺、版画、服饰设计、手作木艺、动漫、音乐、纸艺、影像等艺术元素,每周有创意集市、音乐演出,每月有主题文艺活动,吸引了大批年轻人聚集。

陈秉坤 摄

铁路公园

厦门铁路文化公园，东起金榜公园，西至和平码头，全程约4.5公里。作为鹰厦铁路战备延伸线，这段老铁路曾经荒废多年，却有着悠久浓厚的历史文化背景和独特优越的地理位置，是城市中心一块不可多得的宝地。在市政府的规划改造下，如今已成为连接金榜公园、万石山植物园、虎溪岩、鸿山公园等厦门岛主要景区的带状公园。

沿着长长的铁轨，踏着枕木与碎石，走向绿意蔓延的远方。一路经过那些充满意趣的雕塑、月台，还有记录着厦门铁路交通历史变迁的长长的隧道……身边不时有锻炼身体的人们健步走过，有孩子牵着母亲的手蹦蹦跳跳，有白发苍苍的老人相携缓缓而行。三角梅在目光所及之处恣意绽放，阳光透过树叶缝隙洒下斑驳的光影……当一条路包容了沧桑巨变后，仍可以云淡风轻，此时的我，好像感知到那些最细微的幸福美好，仿佛也从旧时光里，蜿蜒至今……

胡里山炮台

沿着窄窄的石板路向炮台前行,仿佛穿越时间,走向那些不平静的年代。

当城堡、兵营、钢炮像电影里的场景一一进入视线……不论你带着怎样的心情前来,定会心生凛然,因为,这里真真切切刻着不该被忘记的历史。

是的,你眼前这片蔚蓝宽广的海,和你身后这座美丽宁静的城市,曾经在入侵者的铁蹄下风波四起,一片狼藉。而眼前的这一切告诉你,这片土地上英雄的人们,曾经为了保护家园做过怎样的抗争。

醉里挑灯看剑,梦回吹角连营。

站在炮台上,遥望无尽的海岸线,那漫天的硝烟炮火早已在时间里消失得无影无踪,耳边唯有猎猎风声,身边,这门曾经发出惊世怒吼的克虏伯大炮仍以傲然的姿态伫立于南方,和它的战友一起,日日夜夜,并肩昂首向着蓝天。

在它们的铮铮铁骨内,深藏着曾经的荣辱与功绩,还有曾经浴血奋战的义胆忠魂。

环岛路

"临海见海,把最美的沙滩留给你"——一座海边的城市,应该有这样一条道路,才不至于辜负那些不远千里来看海的人吧。

十余公里环岛路,坦荡宽阔,依海岸线自在延伸,沿着道路播放的是一部无须剪辑的风光长片,两侧夹道相迎的繁花绿木似乎总是无限循环,途中却又变幻着令人惊喜的不同景致,玉沙绵延,碧涛逐岸,礁石傲立,彩帆悠游,每一帧画面,都是让你忍不住停下来,定格在镜头里寄往远方的明信片。

是什么让来过的人们对它念念不忘?是明媚阳光下的椰风海韵,是静谧黑夜里的月光星辰,是骑行时吹过耳边的风,是车窗外一望无际的蓝,是牵着孩子的手追也追不上的浪花,是靠着爱人的肩看也看不够的夕阳……

文曾路

文曾路，由城市越山向海，一端是喧嚣繁华，一端是悠然恬静。

这是一条独具匠心的路，从刻有"文曾路"三个大字的巨石开始，沿着坡道缓缓上行，两侧的绿树浓荫铺满山坡，视线所及之处，盈满了化不开的绿意。随山势起落，一路可见青山翠竹、小桥流水、篱笆木屋……赏不尽的山林野趣。

人间四月芳菲尽，这里的四季，却仿佛都是春天。从道路一侧的林间小道向半山行进，之后拾级而上，遇见一片叫作梅海岭的花海，各色三角梅似乎不问季节，灿烂了满山遍野；而名为花溪的浅浅峡谷坐落在来往的道路中间，桃花、樱花随四时变化次第开放，经过的车与人总是忍不住放慢了脚步……

一座城的风格，道路是最好的载体，能够于都市中拥有这样的一片"世外桃源"，可见厦门之美——美在人文、包容、自然。

书法广场

"以天为纸、以海为墨"……来过环岛路曾厝垵海湾的书法广场,才领会到世间有一种艺术情怀宽广如斯。

上下五千年,中华民族的书法文化可谓博大精深,在这一望无尽、大浪淘沙的海岸边,得到了最好的演绎。

广场上造型奇趣的巨石雕刻着隶书、楷书、行书、草书……笔走龙蛇、意贯古今,多少名家的传世作品重现于此。细细琢磨石上的文字,"悲欣交集"尤为令人动容,弘一大师遗墨道尽人生滋味,然而在浩瀚的海天之间,却又显得如此云淡风轻。

书法广场

音乐广场

音乐广场

厦门,从来都是一座不缺少音乐的城市。

被称为"钢琴之岛"的鼓浪屿,总有琴声从小巷人家的窗里传出,城市各个地方的音乐厅,各种音乐会丰富着人们的周末生活。小岛培育出了不少走向广阔世界的知名音乐家,他们都曾是枕着海浪的声音长大的孩子,大海给了他们最自然的韵律与最深沉的情感。

去过很多城市,但恐怕很少有一个音乐广场,可以这样坐落于海边,广场石雕上刻着中外音乐家的头像与他们的传奇故事,有白帆廊桥、蓝天碧海朝夕相伴,他们的作品似天空的繁星,照亮了世人的心路。如果运气好,会在这里遇见小型音乐演出,或者三五民谣歌手弹着吉他低吟浅唱,此时不妨面对大海,打开心和耳朵。

听过许多关于它的描述，想过许多关于它的样子。

天黑时分来到这里，看不清夜幕里的海，耳边却有如诉的涛声。拖着行李箱站在村口，客栈主人从远处迎来，笑容温暖，带我走入巷子深处亮着灯光的庭院。

清晨，早早去邂逅刚醒来的海，吹微凉的风，踩细柔的沙，踏浅浅的浪，走长长的木栈道，直到朝阳跃然而出，瞬间点燃了海面。

小小渔村，停泊了许多文艺青年的梦想，在谜一般的街巷里来来回回地探寻，想去了解每个橱窗和每座小院里的人和故事，走着走着，忘了来时的路。

曾厝垵文创村

只是，无论白日里街上如何游客如织，夜晚的酒吧有多少人醉到天亮时分，古厝的红砖旧瓦还在，村口老树的根已扎得很深，每天的夕阳里也仍有渔船归岸……

悠悠数百年，这座美丽的渔村，任时代更迭与岁月冲刷，虽几度换了容颜，却永远有着它自己的生活与故事。

会展中心

厦门国际会展中心位于厦门岛东南海岸，占地47万平方米，风景秀丽，交通便捷，与小金门岛隔海相望，是国家级盛会"中国国际投资贸易洽谈会"的举办主场馆，是集展览、会议、酒店、餐饮、旅游、广告、仓储为一体的大型现代化展览馆。

海纳百川，有容乃大。站在广场上，眼前的会展中心背依蓝天碧海，面向活力四射的城市，如同欲展翅腾飞的大鹏，也像是即将启航的巨轮，似乎将载着慕名而来的四方宾朋，去寻找开启他们梦想的金钥匙。

春华秋实，会展中心迎送着一场又一场的盛会，一批又一批的来客，见证着海西经济的阔步发展，承载着这座城市的信念与愿景。它亦是人们心目中一片充满活力的绿洲，无论是1月国际马拉松赛起跑的枪声，3月草长莺飞时天空的风筝，还是中秋团圆时海峡对岸的焰火，我们在这里感受到的，永远是怀抱与希望。

观音山梦幻海岸度假区——坐落于厦门优美的东海域，坐拥蓝天碧海，面对台湾小金门岛，是"海峡眺望"的最佳之地。沿岸拥有厦门市最长、最大的优良沙滩浴场，包含了水陆两大超级主题乐园、闽台特色商业街和沙滩娱乐等多个游乐项目，是海峡西岸规模最大、档次最高的主题度假区，也是稀有的、不可复制的生态新区。

走进梦幻世界，仿佛翻开色彩缤纷的童话书，闭上双眼，便有了魔力；张开双手，便可以飞翔……我们的笑容，和孩子们一起灿烂绽放，原来这里不仅仅是孩子们的天堂，已然长大的我们，心里一直藏着童年的那个梦。

夜幕降临，海浪声伴随着欢声涌动，流光溢彩的狂欢世界未曾落幕，如果这真的是一个梦，就让我们暂且停留在梦里吧。

观音山梦幻海岸

鼓浪屿文化之旅

日光岩

来过鼓浪屿，登过日光岩，方知这座雅致秀丽的小岛亦有开阔磅礴之美。

清晨，天光微亮，从日光岩寺出发，一路迂回踏阶向上，奇石叠垒，洞壑天成，偶见郑成功部下精兵悍马铸像威立，间有历代文人石刻题咏，为名岩增添了英雄豪情与古风异彩。直至攀上天梯，登临百米高台，身心豁然开阔，四方海天苍茫浩渺，周边诸岛尽收眼底。

菽庄花园

日出五老峰，琴园的鸟鸣声清脆婉转，百年老树伴着白墙红瓦……情景交融，风物相生，这一刻的鼓浪屿，可以入画、入诗、入梦。

日光岩下，菽庄花园背依山石，面向苍海。园内景观藏海纳山、动静相宜，它延续了台北板桥林家庭院的清雅韵致，又涵纳了鹭江两岸浪飞鸥翔的天宽海阔，虽是方寸之地，却包容了大千景观。

"每春秋佳日，登高望远，海天一色，杳乎无极"，静立海边，菽庄吟社的诵诗声似在耳际，感受到在这片由林尔嘉先生倾心建造的花园里，寄托着他心系板桥旧居的故园梦，和胸怀祖国大好河山的儿女情。

皓月园与海滨沙滩

三百多年前，名将郑成功挥师东渡，驱逐荷夷，收复台湾，为中华民族疆土的统一立下赫赫战功；三百多年后，铁骨英魂已化为巨型石像，身着战袍，手握长剑，拔地凌空，屹立在鼓浪屿临海的覆鼎岩上，遥向着海峡另一边的台湾岛。

石像脚下便是皓月园，远远望去，白色院墙与蓝色琉璃瓦显得正气浩然，园内树木苍绿，石径通幽。置身青铜大型群雕前，铿锵铁甲，闽海雄风，千军万马似欲奔腾而出。

自皓月园向南，长长的沙滩围绕着海岸延伸，隔海相望，演武大桥似银龙卧波，双子大厦如巨帆入云。深蓝色的海连着如洗碧空，细沙逐浪，白鸥浅翔，游人流连，来往船只缓缓划过海面。

眼前是静好流年的太平盛世，身后是峥嵘岁月的金戈铁马，同一片天空下，历史的风云聚了又散，唯有壮士英灵长贯古今。

西林别墅、容谷别墅

百年鼓浪屿，有故事的老别墅很多，敞开门来迎客的很少。当年故垒依然在，日光岩下忆英雄。日光岩脚下，曾是民族英雄郑成功屯兵扎营和操练水师的地方，近百年前建起了西林别墅，动荡年月里历尽波折，最终洗去蒙尘，挂上了"郑成功纪念馆"的牌匾。

门前老榕树浓荫遮掩，白色门楣上"西林"二字隐隐可见，坐南朝北的三层大宅，高阶圆廊和清水红砖，伴着院内锈迹斑斑的铁炮，将一代爱国名将的故事，讲得荡气回肠。同样是讲故事，容谷别墅却有着另一种姿态。

窄窄的旗山路小径尽头，藏着被称为"鼓浪屿别墅之王"的容谷别墅。

眼前宽阔的庭院内，花草繁茂、亭榭有序，沿着假山拾级而上，可见远处海岛静默、山海苍茫。主楼巴洛克风格的门庭石柱和西式拱形雕花大窗透出当年的奢华，九十载漫长岁月，在这里似乎流逝得格外从容。

东风不忘流殇事，这座小岛的传奇过往，就藏在这些老别墅的一砖一石、一阶一窗里，善待它们，就是善待我们赖以扎根的文化与历史。

西林別墅

容谷別墅

如此高傲的门庭，怎守得住长年的冷落？

鼓浪屿上最奢华的一座欧式门楼铁门紧锁，门内的盾形照壁牵连着一串雕饰精美的台阶往上，通向了高耸的主楼大门。这栋挺拔的三层别墅，仿佛一个英气逼人的古罗马贵族，他重铠披身，持投枪，执长盾，骑烈马，来去如风。楼下那如擎火炬的灯柱，是他的三千勇士。

亦足山庄，仅此一栋足矣。而金瓜楼，则以一瓜福祉，求"瓜瓞绵延"。

金瓜楼独得太阳的恩宠。当清晨的第一缕阳光穿透云层，屋顶的两个金瓜便在晨雾中醒来，开始熠熠发光。它们橙黄泛金，八个金色的棱角如春草飞卷，向海天之间长开去。这牵藤扯蔓的瓜藤还爬到了门前，又攀门而上，在两层歇山顶式的中式门楼上肆意地扯出了几脉。

于是，重檐翘角，遥相呼应。

其最初的主人黄赐敏，得八儿两女，儿孙遍布美国、日本等20多个国家和地区，可谓"金瓜"赐福。

亦足山庄、金瓜楼

亦足山庄

金瓜楼

黄荣远堂

岁月是一棵老榕树。

树的年岁太长，分不清来龙去脉的根须盘桓在石做的门楼上，于是，连石头也变老了。门内的建筑，自然也跟着老了。这是黄荣远堂，鼓浪屿上一栋具有古罗马风韵的别墅。建筑通体廊柱，正立面四根高大的古罗马塔司式干柱支撑着圆形的前廊，再加上精巧的窗棂设计、水泥透雕、钢花纹饰，犹如猛虎嗅蔷薇，调和了力量与柔和之美。偌大的花园有假山石造景，有两亭一榭观景，而那棵190岁的老榕树独占一角，荫蔽了半堵院墙。

海天堂构

隔墙而望的，是海天堂构飞檐翘角的中国式门楼。

往里走，红砖砌就的仿古大屋顶宫殿式主楼，延续了中国传统建筑的所有精雕细琢，又加入西式垂柱和窗饰，仿佛一件精心改良的旗袍，保留了一切古衣着应有的繁复细节，又饰以西洋蕾丝和蝴蝶结的装点，成了一件精美又时尚的衣裳。这里是鼓浪屿万国建筑艺术馆，是鼓浪屿闽南文化、租界文化与富商名流文化的一面镜子，浓缩呈现了这个不到2平方公里的小岛上209栋重点历史风貌建筑及其背后的故事。

而这些珍贵的故事，我们正通过"鼓浪屿申遗"工程，细细地讲给世界听。

黄荣远堂

海天堂构

四落大厝、大夫第

如果建筑会说话，那么只有这里，不改鼓浪屿的乡音。

两百年的闽南大厝，背山面海，红砖雕花，短屋矮墙，燕尾脊和马鞍脊下的山尖浮雕依然传神，红砖铺砌的天井里野花兀自开着。这是鼓浪屿最古老的民居，小岛的传奇擎始于此。

我在门前久久驻足，遥想当年，大夫第崭新的匾额刚刚挂起，鞭炮如雷响彻小岛；香烟缭绕的中堂，满堂儿孙跪倒在祖先画像前，祈愿家族基业长青。

一眨眼，一百年过去了，两百年过去了。四进四落的红砖大厝被拂去蒙尘，变成茶庄开门迎客，而厝里的八代子孙却已各自走散。于是，深埋于此的大家族那盘根错节的过往，变成了一杯或浓或淡的茶，不疾不徐地泡开，供来人细品。

又或许，这古老的原乡建筑，早已不再是某个家族的宏大叙事，而是成了所有鼓浪屿人、闽南人的集体记忆，在林立的"万国建筑"之间，独自承载和诉说着最久远的乡愁。

美国领事馆旧址、汇丰银行公馆、八卦楼

在三丘田码头登岛，第一眼遇见的，竟是原美国领事馆的两层罗马式红砖别墅。

这临崖面海的一方天地，晨昏可听潮；白色的古希腊科林斯式廊柱如心弦矗立，柱头有百合怒放；铁铸的花窗棚锈迹斑斑，窗楣上挂着一弯新月。这是一栋精巧的建筑，却偏有风云变化，藏匿在你不敢踏足的黑暗中。

沿鼓兴路往上，一抬头便是悬崖上的公馆。原以为那择断崖而居、傲视山海的，不是诗人，便是隐士。想他定是一袭青衣，三千丈白发，晓起临风执剑，晚来挑灯吟诗。谁曾想，他偏偏是一位金发碧眼的外籍银行家。那精打细算的凡人心，怎能解得了这崖上的风情？

从崖顶俯瞰，八卦楼的红色穹顶划出了一道优美天际线。这庞大的欧洲古典建筑，像一颗粉色的珍珠，镶嵌在鼓浪屿翠色的珠贝里。它标志性的圆顶有八棱攒尖，顶窗呈四面八方二十四向，整栋建筑体量巨大，如八卦迷宫，得名"八卦楼"。其主人林鹤寿，本是东南望族板桥林氏后裔，此番倾尽家财，只为成全一栋建筑的宏大之梦。

八卦楼

美国领事馆旧址

廖家别墅

廖家别墅、林文庆别墅、番婆楼

擎着伞,脚尖踢开雨帘,走在青幽的石板路,谁人知我步履间的雀跃。屋檐肆意切割着天空,檐上落下的雨,在眼前断裂的石阶上砸成水花,未及绽放便被吞没在更多的雨中,有声潦然。原来这便是廖家别墅了。呼吸着玉兰香,古榕下拱券回廊。仿佛只要我踏上石阶,便能触及林语堂先生的青衫,窥见他和廖家二小姐在家长里短里许下的一世欢颜。她本不是他第一眼便钟情的那个人,却用一生的笃定与陪伴,成了他最终心心念念的"老情人"。既要与你共白头,一纸婚书就此烧了吧!先生高见。

不经意间,已行至笔山路。千年樟树掩映,林文庆别墅跃然眼前。长石累叠的双向花岗岩蹬道上,厦大校长那无言的厚重感透过雨帘将我打湿,16年的光阴记录着他对这所名校倾注的一切。于观赏台远望,楼宇错落连绵,雨丝点染其间,先生大智。

雨停。清水红砖的番婆楼前,回廊空洞,雕梁半朽。眼里看着女墙上高鼻深目的浅浮雕,心里却惊于许经权先生的一生。诚以致富,回报桑梓,先生大善。

雨,拂去了岁月的尘土。楼宇人事,终偶露真容。

潘婆楼

春草堂与林祖密故居、延平戏院旧址

世间何处无景物，未若草堂春意间。

行至春草堂，碑石两边的狮子感受到了我的欢喜，笑得那么憨态可掬。墙里的三角梅学那红杏出得墙来。清新雅致的清水红砖，粗犷厚实的花岗岩壁，谁能想到设计它的主人曾是孙中山先生的得力将领？不与魔鬼结盟，不与罪恶击掌，许春草先生已将他的精神，筑进了后人心里。

宫保第，孙中山先生另一位左膀右臂林祖密将军的故居。红楼难觅，乌楼独立，杨桃树越长越大，酸到我心间，渍得我眯起了眼睛。想起了匆匆那年发生在这里的故事……而石碑依旧，"满门忠烈垂青史，两岸故居励后人"，我不禁念出声来。

波浪形山花会引领你来到鼓浪屿市场。听不到此起彼伏的吆喝声，代之以茶商笑脸间溢出的淡雅茶香。曾经的延平戏院，早已听不到如潮的掌声，只在老一辈的心间，时有回响。

于这满墙青藤下，我已迈不动步。索性抱着双膝，蹲坐在石阶旁。竹椅上的老者正是个闽南话仙。时间仿佛他手中的蒲扇，一下复一下，一夏复一夏。

春草堂

延平戏院旧址

宫保第

再遇琴岛，一曲《鼓浪屿之波》随潮声起，撩拨心弦。

走进菽庄花园，眼前这匠心独运的管楼，迫不及待地要向我展示它的内在。稀罕的克莱门蒂四角钢琴、古老的手摇钢琴、傲娇的双键盘钢琴、令人咋舌的八踏板、黑白颠倒的琴键……在琴声悠扬中品读这部世界钢琴的发展史，仿佛回到刚刚经过的那段沙滩。黑色沙砾晶晶闪闪，白色浪花盈盈软软。那亲吻着我的脚丫的，不是游鱼，是叮叮咚咚跳跃的音符。

一只有些发福的鸽子安逸地踱着碎步，我跺跺脚，竟也能扑棱棱地起飞。我追至拥有红色穹顶的八卦楼前，欣然拾级而上。

6米高的诺曼比尔管风琴庄严肃穆，手提箱大小的风琴竟也五脏俱全，带着烛台的风琴仍等着照亮当年的琴谱，镶着镜子的风琴记取了多少演奏者的面容。我想用最古老的笙奏响最温暖的歌，请很多的海鸥做我的唱诗班。胡友义先生把他毕生收藏的这些宝贝陈列于此。他说，"我一生最骄傲的事就是出生在鼓浪屿上。"琴管里出来的风，穿过浓荫婆娑，顽皮地荡起丝丝缕缕的榕须。音乐，就这样到来了……

钢琴博物馆

风琴博物馆

钢琴博物馆
风琴博物馆

鼓浪屿音乐厅与毓园

都说鼓浪屿是一个音乐的天堂，热爱音乐的传统从遥远的年代保留至今。有天风海涛的滋养，还有百年传承的熏陶，岛上的孩子很多自小习琴，他们带着小岛的音乐之魂走出小岛，回来时已是声名远扬的音乐家，他们把对故乡的热爱与思念化成饱含深情的音乐，奏响在鼓浪屿音乐厅。

还未步入大门，已有乐声绕耳，在多国音乐家与乐团演出过的大厅内，音乐盛宴又将开始，而倾听的观众也从不缺席。

鼓浪屿音乐厅

毓园

山海有情，钟灵毓秀。走进复兴路的毓园，星菊和扶桑花开得坚韧优雅，邓颖超大姐种下的南洋杉向着蓝天蓬勃生长，人民医学家林巧稚的汉白玉雕像恬然伫立于此。

她是鼓浪屿引以为傲的孩子，也是亲手迎来千千万万生命降临的"万婴之母"，她将毕生时光和积蓄献给了医学事业，却留下遗愿把骨灰撒在鼓浪屿的海里。她说：我是鼓浪屿的女儿，我常常在梦中回到故乡的海边，那海面真辽阔，那海水真蓝、真美……

林氏府与中德记

鼓浪屿鹿礁路11-19号，大门深掩的雍容宅院，隐藏着一个名门望族的烟云往事。

100多年前，21岁的台湾富绅之子林尔嘉风华正茂，却毅然放弃富甲一方的庞大家业，追随其林维源离开被清政府割让给日本的台湾岛，迁居于此。

半个世纪山河动荡，投身于富国强民之业的拳拳赤子心矢志不渝，林尔嘉与林氏府，成为两岸闽南人至今谈及仍肃然起敬的名号。

风雨沧桑，宅老人没，有故事的八角楼塌而复建，欧式风格的群楼修旧如新，静静立在小岛一隅的林氏公馆，依然守着值得被传诵的骄傲与传奇。

马约翰体育场边，中德记的院墙早已斑驳，这座曾经被称为"中国第一别墅"的黄家花园，风霜满面却依然风华绝代。从剃头匠到商业巨子，中德记的主人黄奕住，把闽南人"爱拼才会赢"的精神，浓缩在极其不凡的一生里。

悠悠百年倏忽而过，站在老宅前，一字排开的三座楼宇经时光錾刻显得愈发古典庄重，百年老树掩映下的广庭高阶与宽廊大院，见证了黄氏家族几代的荣耀与昌盛。而今，它们只是不悲不喜地守着庭前叶落，一任岁月碾过，在阶上烙下更深的履痕。

林氏府

中德记

在鼓浪屿恋上民宿

第一次见到它，与其说相见恨晚，不如说久别重逢。连阳光都不舍离开的庭院，四季的光影里，你是否还在渴望那个熟悉的身影？

鼓浪屿慢屋，就是一个"家"，面朝大海，绿意盎然，你会不会欣然前往，陪你最爱的人看潮起潮落，圆一个世外桃源的梦？

暂别昨日的风尘仆仆，笑着醒来、沉沉入眠……

杨桃院子

寻访鼓浪屿慢时光最纯粹的初衷是什么？我想应该是暂时远离闹市喧嚣和暂别名利纷扰吧。

海天交界邂逅一个美丽的岛屿，旅行最重要的意义就是这个过程中的"家"，可以收录在记忆长河里的片段。而杨桃院子，满足你对鼓浪屿的一切幻想……

一切的美好，始于踏入院子的那一刻，白色的主楼、庭院的船木桌椅、慵懒的猫咪、甜甜的龙眼，这里仿佛是繁华之后的宁静，是花暖之后的风清，前台小妹家人般的招呼，心情突然很好……

睡在山海间，住进人情里，愿今晚好眠！

褚家园咖啡馆

是怎样精致的人，才种得出这满园的花开？

亭亭如盖的大树，满眼绿植随意生长，其间错落几副桌椅，遮阳伞下探出三角梅的缠枝，窗下簇生着一片盛放的雪兰花，牵藤挂蔓地热闹了半面墙，还有睡莲、龙吐珠、季桂、米兰，满院子地开出去……更有叫一五、丑丑、大饼、阿受、木头黄的猫儿们，从门头跃下，或从墙根窜出，或争抢一把椅子，或追逐着风中的落叶和咖啡香……

我在一个炙热的午后走进院子，推开了老别墅的门。一眼憋见的是那个短发大眼、清瘦俊秀的咖啡师。我知道，她就是阿莲了。阿莲，曾经的世界咖啡师大赛中国区总冠军，正安静地在褚家园里逗猫、调咖啡。

慢屋

点一杯拿铁和招牌的提拉米苏，看阿莲娴熟地磨豆、萃取、打奶泡、拉花，动作干净利落，指尖仿佛起舞，咖啡还未入口，已有了回甘。待入口，却又是另一种惊艳……

鼓浪屿氤氲着咖啡香。老别墅、小木屋、商业街区、巷弄深处，到处都是咖啡馆的身影，人们往往会迷失方向，走着走着，就把时间走慢了。而我正是如此，被一个正值花期的院子勾引，被一群猫戏弄，最后被一杯咖啡留住，迷失在了褚家园。

褚家园咖啡馆

鼓浪屿龙头路商业街

百年鼓浪屿，几度兴与衰。

街巷交织的龙头路，鼓浪屿最繁华的商业区，多少年以前，已有官商过客、文豪佳人云集于此，数不尽的人们擦肩往来，浮动的影像与声响在时空里百转千回，交叠出了一条街、一个岛、一座城的历史。

从安静的小岛深处随意选一条路，慢慢走进这条老街。高高的骑楼遮蔽了头顶的艳阳，各色小店奇货可居，橱窗里满满地陈列着被浓缩和包装的故事，它们或许是一段乡愁，是一个梦想，是一种生活方式。

牵系着原住民日常生活的菜市场，翻修的外墙小心翼翼包容着老榕树的枝干，花样层出不穷的小吃街也依然藏着我所惦记的闽南"古早味"，它们是鼓浪屿百年变迁的缩影，新与旧不断交替，在细节里留下痕迹。

世人总说小岛变了，在时间的长河里，不变的永远是变化；在我眼中，不变的永远是它的沧桑与美丽。

漫步街巷之旅

中山路步行街

每个人心中，都有一个不一样的厦门。舒婷心中的厦门是鼓浪屿和南国小岛；易中天心中的厦门是温馨的家；汪国真心中的厦门海浪总多情……

一座城市也好，一所大学也好，一条路也好，我觉得都是需要灵魂的。比如百年繁华中山路，逛骑楼建筑、赏特色街景，不知不觉，豁然开朗，美丽鹭江近在眼前。

这条充满南洋风情的百年老街，自诞生之日起就见证了无数的人和事，集合了老厦门和时尚厦门的无数细节，它就是一张厦门的城市名片，揉入"古早"的温情，隐藏着市井的传承手艺，文艺小资的清新风。一路走来，让你处处惊喜、久久回味……

华新路

50多幢别墅已老,整条街都开始诉说。

有荒了的院子,被植物侵占,树木参差蔓延,杂草肆意生发,墙头被一壁叶子深锁,瓦楞上开出了黄色的花。一道铁门将世界隔成两半,外面的眼睛,窥不见里面的旧时光。唯有门口那生锈的邮箱,知晓了这房子所有的心事。

更多的门是敞开的。不甘寂寞的老洋房,想把经年的故事说给来人听。它们变身为书店、咖啡馆、旅馆、私房菜馆和创意工作室,礼遇人们以红砖、白墙、绿小院,阳光、蝉鸣和咖啡香……

老街蜿蜒,当我走在龙眼树的斑驳里,当我在每一次转角遇到一个个干净的笑,我仿佛看见了自己,忘了归程。

60年前,老别墅还是新房子,它们是50多位南洋华侨的归巢。

60年后,庭院深深,它们或拒或迎,用老厦门的最后一片宁静让来者心安。

这里没有浪子,没有游客,只有归来人。

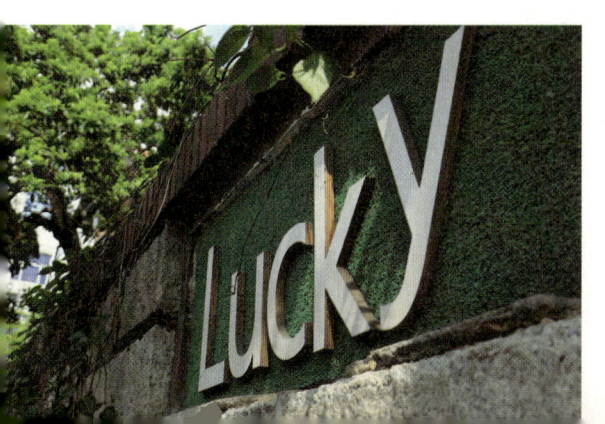

南华路

从博物馆往厦大方向走，行道木的浓荫遮蔽了并不宽阔的柏油路，我爱的老城区的气息扑面而来，左侧依山向上缓缓蜿蜒的小径，便是南华路。

或许是沾染了厦大的书香与南普陀的禅韵，南华路经历了风霜流年，却并未落上太多的烟火尘埃，她更像是一位佳人，静默优雅，遗世独立。

老别墅一幢一幢依山而建，青灰色的石墙守护着每一个庭院里过去与现在的故事。这里没有太多传奇，一代代上演的，不过是聚散离合与寻常悲欢，而今虽已经变成各有情致的咖啡馆，那些梦一般的光阴却从未真正逝去，它们缠在伸出墙外的花藤里，爬在悄悄长了青苔的石阶上。

有风，树叶摩挲出轻轻的声响，我在窗前坐下，用一杯咖啡和一本书放慢时光，让心在此刻变得缓慢从容，去感受这城市角落里未曾被磨灭的温润与静好。

这是一场预谋已久的策反。

一夜之间，整条街被猫攻陷。它们出现在墙上、灯杆上、配电箱上，甚至是小吃店面的门窗上。一个卖鸡肉卷的窗户被招财猫霸着，一根电线杆上两只黑猫守卫着鱼塘……

它们还在街道入口处拉起了猫旗，几块写着"顶""澳""仔""猫""街"的破布在风中招摇，无所顾忌地宣誓着主权。

策反的主谋，就是街道里的猫咪博物馆。

这是猫的世界，墙上挂着的是喵仔海报、漫画、油画；展架上摆着的是形形色色的喵仔玩偶和手工艺品；穿在身上的是喵仔服饰和喵仔围巾；吃进嘴里的是喵仔套餐、喵仔奶茶、喵仔饼干、喵仔棉花糖……还可在喵星号复古电车里与20多只世界纯种猫不期而遇，然后生生被萌化。

真是喵了个咪的！着了喵的魔，着了喵的魔……

顶澳仔猫街

西堤咖啡一条街

脑海中一直有一个画面，湖边的微风、墨绿的窗帘，在某个阳光洒落的午后，或是有着星光点点的夜晚，落座于此，惹人联想……

咖啡的醇香，水果茶的清爽与三三两两聊天的人儿共舞成那旖旎的身影，怪不得筼筜湖畔的西堤又叫作"幸福聚集地"。

浪漫主义沿着咖啡一条街的风景线，沿着恰到好处的气氛，一路走过，简单的幸福就这样一点一点漫散开来。

一杯咖啡配电影，一首老歌唱曾经，有一个地方，来过很多人，但终究，只有你和我知道……

西堤咖啡一条街、官任路酒吧一条街

旅行常常是一个溶剂，或溶解很多尘封记忆的盒子，那些湮灭的往事，一幕幕温情便通通升腾起来。

这里是鹭岛小资夜生活的代表，在这里，你可以卸下所有的盔甲，唯有酒精无爱也无伤，让你做回自己，换得一片释然；也唯有音乐，无论你是一群人的狂欢还是一个人的孤单，让你寂寞，而不忧伤。

长方柜台，倒挂净杯，有着片刻自由，永远的乌托邦。这让我想到与你的初识，同一条街、同一个位置，情不知因何所起，一往而深……

天涯不过这想你的夜，无非一场醉……

官任路酒吧一条街

谁说人生不如戏。

往日老厦门人看戏的鹭江剧场，今昔变身为老剧场公园，把戏里戏外的故事雕刻成了可供触碰的回忆。

阳光下，看见许多老人，坐在广场的木椅上，眼里映着孩子们的笑容，藏在平静面孔背后的，不是老胶片转动出的精彩剧情，那是一言难尽的悲喜，是他们自己经历的大半人生。

眼前是再现的老茶馆、老剧场，还有老井老树，它们仿佛变成了布景，那些消失的岁月，又一次拉开了剧幕……

老剧场文化公园与莲花香墅

老剧场文化公园

莲花路上，香墅成片，十余年美好时光静静流淌。

在厦门生活过的人，必然有些特别的记忆糅合着某种味道，与这里联系在一起。它可能是某个午后现磨咖啡的香醇，也或者是某个夜晚大快朵颐的畅爽。它可能是春天与爱人花下饮一杯清酒的绵柔，也或者是冬季与好友火锅前围坐的温暖。

走在路上，坐在庭前，看四季流转，花开叶落，微雨暖阳……在莲花香墅，将美食美景与相亲相爱的人们一起分享，如此，我们又多了一个热爱生活的理由。

如果在厦门的清晨醒来，一定要去赶个早市，那是厦门最活泼的地方。

还未走进八市，市井的活脱就展开了：本不宽阔的入口挤满了卖花生、地瓜、酥糖以及各地新鲜水果的摊贩们，摊子不大，有时也能淘到一些不错的零嘴小食；一进市场，鱼肉的鲜腥味就扑鼻而来，伴随的是各种叫卖和议价的声音。即便是休渔期，八市的海鲜也不会少，只不过开渔后能够见到些长相奇怪的种类；还有的便是几代人都在八市卖传统小吃的小摊，总能见到老年人和年轻一辈排着长队买上一大袋，生怕回家后懊恼买得少了。

也许这就是一个老八市的生命力，不同角色的人交集在这里，成了老厦门的缩影，也不断地延续着厦门的市井生活。

八市

宗教心灵之旅

南普陀寺、日光岩寺

凌晨四点多，五老峰上日轮未开，松竹还在长风低吟中沉睡，摩崖石刻还未从岩壑幽泉中凸显，南普陀的钟声便把世界唤醒。

循着经声进山门，这海天佛国、千年古刹，在夜色中佛灯长明，带来光明无量。持一炷清香，于天王殿前虔诚顶礼，在大雄殿里合掌诵经，在大悲殿里许下祈愿：南无大悲观世音菩萨，愿我速知一切法……

闽南佛学院内，有僧才云集，持大悲，修大智。凡愚如我，悟不透藏经阁里血书《妙法莲华经》的玄妙，却也于佛塔倒映的莲花池前，感知了"莲花不着水"的大美。

当日光幸临，日光岩寺首先沐浴在阳光中。踏进天风海涛前的圆通之门，一道光芒夺目，不知是天光还是佛光，照见了我相、人相、众生相。

百丈丹崖开洞壑，一块巨岩嵌空，岩上一尊白石观音立像，日光岩寺在四面海山包围中，守一片鼓浪洞天。一代高僧弘一法师曾在此闭关写经，必定也喜这里的"鼓浪开禅定"。而我，无论佛缘浅深，也隐约从山中"日月俱悬"的石刻里，体悟到了"日月不住空"的大道。

南普陀寺

日光岩寺

虎溪禅寺、白鹿洞寺、鸿山寺

玉屏山麓，虎洞下流泉成溪，明代"石痴"林懋时于此凿岩成洞，后人依岩建梵刹，为虎溪禅寺。虎溪禅寺的美，在月色中。每当明月高悬，棱层洞虚心纳月，洞中石虎沾染月之灵气而两眼放光，是为"虎溪夜月"。走进寺中，顿觉尘事久远，访老衲，叩禅关。

从寺后石阶拾级而上，走过夹天径、一线天、大鲸石，就到了"白鹿洞寺"。白鹿洞寺的美，在云烟中。每到炎炎夏日，石罅泛烟，缕缕缭绕山间，是为"白鹿含烟"。寺内琳宫梵宇石门深，石刻中透着佛理，参不透，听梵音。

在虎山与鸿山之间，钟声时鸣，鸿山寺藏身林木葱郁中。鸿山寺的美，在风雨中。每到风欲西来雨欲东，斜风吹雨雨如织，两山夹峙把雨丝剪，风雨到此山中断，是为"鸿山织雨"。鸿山寺刹古佛灵，历尽沧桑，如今殿堂毕具，雄伟庄严。走进山门心肃然，仰古刹，沾法雨。

白鹿洞寺

鸿山寺

虎溪禅寺

太平岩寺

太平岩寺、万石莲寺、天界寺

"石不能言笑口开",在万石植物园南麓,走过笑口常开的"石笑门",有石级蹬道直达太平岩寺。寺院飞檐雀瓦掩于丛林累石,临蟾宫上可眺筼筜夜景,探海云洞能赏石泉飞流。300多年前,郑成功曾在此读书赏景;而今天,四众弟子精进修学,十方香客云集礼佛,古刹庄严,佛号入心。

不远处,狮山晓雾苍茫,象鼻峰后"万笏朝天",万石莲寺如一朵金莲盛开在万石丛中。寺前半月池,泉流如练坠深谷,滴漏声声鼓韶乐;寺下"小桃源","一泓清浅沙为路,万窍玲珑石作天";寺内梵法高,一室禅灯任兴废,佛法长荫,法灯不灭。

万石岩西侧,"醉仙岩"横卧山中,"醴泉洞"中"仙井"幽藏,天界寺坐落于此。寺后千岩百洞,"问仙路""仙迹石""石棋局""灶浴盆"林立。顶峰巨石,"天界"二字君临寺上。昔日寺僧晨间撞钟108下,"天界晓钟"响彻鹭岛,如今依然钟磬长鸣,法音不断。

万石园中求佛路,山不语,石是禅。

万石莲寺

天界寺

太清宫

紫竹林寺、进明寺、太清宫

又一趟求佛问道之旅,晓雾潮了裙摆,山风乱了刘海,仍是,禅心难扰,虔诚上香。

古道春荫的紫竹林寺,风景秀丽似园林。前有圣贤掬泉止渴,今有闽南佛学院女众部在此禅修,满山相思丛生,楼檐深进,经声起伏,严严翼翼,蔚然大观。

疏朗大气的进明寺,里外透着股唐风。大红灯笼挂出别样的俊美与平和,观音石雕,浮龙石柱,挑水背柴枕木鱼,千姿百态的小石佛终年缄口不语,唯有古朴雄浑的钟声飘荡,声声绕梁。

依山面海的太清宫,郁郁葱葱若仙境。殿落遵循五行八卦而布,供道教圣像为尊。朴实雅致的石刻,古色古香的对联,殿前的铜雕香炉里,满炉香火安安静静地燃,丝丝缕缕的馨香,中正安详。

每一处走来,谦卑之心愈甚,愿得菩萨护佑,众生从容。

进明寺 　　　紫竹林寺

鼓浪屿天主堂、协和礼拜堂

未曾散尽的海雾，为晨间的鼓浪屿披上了朦胧的衣裳，天主堂的弥撒又在周日如约而至，唱诗班的吟唱像初升的太阳，温暖着信徒的，是天主的圣训，基督的福音。

喝完为早起人们提供的面条汤，回味浸着浓浓古早味的满足感。祭台上的耶稣像悲悯如常，爱奥尼克式飞卷柱头，彩蓝色珠网天花，作为厦门唯一哥特式单钟楼天主教堂，满眼是尖拱、尖窗、尖塔，尖尖的镂空女墙，像一支支时光之箭，承载着岁月的沧桑轮转。

隔着一条教堂路，旁边就是协和礼拜堂，岛上最古老的教堂。

四根罗马柱，无声的肃穆。红黄蓝绿的彩色花窗，向往天国的梦想越发神秘与灿烂。牧师绘声《圣经》里的爱与分享，信徒虔诚祷念主的仁慈善良。念着墙上爱的箴言，多少眷侣曾在这里许下拳拳誓言，林语堂和廖翠凤正是在这所教堂的见证下执手一生。

鹅黄色的外墙被一个世纪的阳光浸染得格外温热，心底的善意，肆意生长。

鼓浪屿天主堂

协和礼拜堂

鼓浪屿三一堂、中山路新街礼拜堂

莫兰蒂不友好地造访，留下满目疮痍。台风后的鼓浪屿添了很多折断的残枝，老店的招牌也歪斜了些许。

三一堂庄严的钟声响起，八角钟楼顶尖的金色十字架高耸入云，红墙装饰着流畅的三角形线条，四面敞开十二道大门，对称严谨。阳光穿透高大的窗户，照出木质天花吊顶下整片的肃穆与堂皇。歌颂团唱毕赞歌便匆匆离去。我知道，他们是急着去参与家园重建。从离岛的渡船上望去，岸边忙碌着搬树枝的身影就像是流动着的福音。

中山路新街礼拜堂

鼓浪屿三一堂

从轮渡码头走到中山路，拐进中华电影院对面的巷子，远远便能看到钟楼穹顶上的红色十字架，白色山墙醒目，中华第一圣堂跃然眼前。花岗岩石阶将圣殿托在掌心，巍然矗立的六根科林斯柱尽显庄严。当年第一个把基督教带进厦门的牧师雅裨理曾在这颂读《圣经》，如今的教会在苦心传教的同时，也倾心公益。

由衷地赞美神，爱的故事不仅存在于《圣经》，台风后的厦门亦处处可见。

鼓浪屿的前世今生（申遗要素）

1. 万国俱乐部旧址
2. 洋人球埔旧址
3. 延平戏院旧址
4. 鼓浪屿自来水公司旧址
5. 燕尾山午炮台遗址
6. 英商亚细亚火油公司旧址
7. 和记洋行仓库遗址
8. 汇丰银行公馆旧址
9. 汇丰银行职员公寓旧址
10. 厦门海关副税务司公馆旧址
11. 中南银行旧址
12. 瞰青·西林别墅
13. 黄家花园
14. 黄荣远堂
15. 海天堂构
16. 杨家园
17. 菽庄花园
18. 廖家别墅（林语堂故居）
19. 黄赐敏别墅
20. 四落大厝
21. 三一堂
22. 厦门海关验货员公寓旧址
23. 蒙学堂旧址（吴添丁阁）
24. 厦门海关通讯塔旧址
25. 鼓浪屿电话公司旧址
26. 重兴鼓浪屿三和宫摩崖题
27. 八卦楼
28. 博爱医院旧址
29. 春草堂
30. 大夫第
31. 丹麦大北电报公司旧址
32. 番婆楼
33. 鼓浪屿工部局遗址
34. 厦门海关理船厅公所旧址
35. 鼓浪屿会审公堂旧址
36. 美国领事馆旧址
37. 日本领事馆旧址
38. 英国领事公馆旧址
39. 协和礼拜堂
40. 基督教教徒墓园
41. 日光岩寺
42. 种德宫
43. 救世医院和护士学校旧址
44. 私立鼓浪屿医院旧址（宏宁医院旧址）
45. 毓德女学校旧址
46. 闽南圣教书局旧址
47. 天主堂
48. 黄氏小宗
49. 安献楼
50. 延平文化遗址（国姓井，龙头山寨遗迹等）
51. 日本警察署及宿舍旧址
52. 三丘田码头遗址
53. 英国伦敦差会女传教士宅

乐游湖里

1979年的春天，有一位老人在中国的南海边画了一个圈，四个经济特区随即崛起。其中有块行政区，挟着24公里的海岸线迤逦绵延。这，就是湖里。

她曾用一根工业的杠杆，撬动了厦门经济的腾飞。现在，她正经历着蜕变——联发华美空间里时尚与艺术的火花碰撞；博饼民俗园里骰声与笑声相连；上古文化艺术馆里三星堆文明为断代的历史做证；张仃美术馆里山河在笔墨丹青中妩媚；九朝汇宝博物馆里珍瓷旷古烁今……

走进她的方式，还有很多。比如说，在忠仑公园赏樱花飞舞，在惠和石文化园与石低语，在五缘湾湿地观天鹅曲颈双栖，在五通灯塔上极目远望，进闽南古镇听歌仔戏，看钟宅畲族"送王船"，拜仙岳福地土地公……

或许，旅行的意义在于，人们从自己的生活中出走，变身为自己生命里的过客，旁观自己，也旁观别人，甚至能在某一刻突然醒悟，找到了自己前行的路。比如湖里，30多年前，告别渔村的自己，成为工业的自己；30多年后，又从自我中剥离，奔赴下一场轮回……

厦一站，湖里

阳光沙滩亲海之旅

五缘湾湿地公园

喜欢在闲时踏足五缘湾湿地公园，去深入城市的"绿肺"，享受充满能量的呼吸。

无须太多人工雕琢，大自然便是最好的园艺家，园中树木葱郁，绿茵遍地，芦苇飘摇、湖水荡漾。踏着木栈道走向湖心，丰羽红喙的黑天鹅聚拢过来，欣然接受孩子们充满爱心的喂食，或悠然低头整理羽毛，在碧水微澜的湖面映上美丽的倒影。

植物在湿地与林间依势而生，水鸟在氤氲雾气中起落飞翔。静下心来，清新的气息和悦耳的鸣唱慢慢唤醒了已有些钝化的感官，沁透身心的畅爽随之而来。

这里是各种生物共同栖居的家园，也是城市健康不可或缺的"器官"，保护自然环境并与之和谐共处，是我们永远不该忘记的责任与能力。

阳光下，五缘大桥展开双臂，静静守护着这片美丽的港湾。白色的游艇和帆船排成一列列纵队，停泊在蔚蓝的海面上；偶有白鹭俯身掠向水面，转眼又飞向高处。轻薄如纱的流云在风的拂动下悠然游走，一些新人穿着礼服与婚纱在艇上留影，期许着一个无限美好的未来。

五缘湾游艇港

不时有船只从码头缓缓启航，白色或七彩的帆迎风张起，像一片片羽翼，穿过大桥的圆拱，离开港湾的怀抱。它们乘着更强劲的风飞向海阔天空，也把我的心带向了无尽的远方。

来过五缘湾游艇港，我有了一个梦想，想和你一起从这里出发，带上一颗勇敢炽热的心，来一次不设终点的航行。

正阳直升机

时常会想，是不是每个人都和我一样，曾经做过许多次关于飞翔的梦。

或许，是我们在陆地上行走得太久，在越发沉重的脚步里，仰望头顶无限高远的天空，谁又不曾羡慕鸟儿和风的自由？

其实，我们可以借一双翅膀，让飞翔变成一个可以实现的梦。

直升机缓缓升起，脚下的土地渐渐模糊，眼前的景物如电影里被拉远的镜头，也拉开了我的视野，长长的环岛路变成了镶着绿边的织带，温柔地包围着这片碧波荡漾、无边无际的海。

而路的另一侧，有层峦起伏、山石叠垒，有绿荫遍地、鲜花盛开，还有高矮错落的建筑与流动在道路上的车与行人……换个角度看自己生活的这座城市，才更深地感知到它的美丽与包容。

我摆动我的翅膀，在一片蔚蓝的海面上驭风而行，这就是我梦里无数次出现过的场景，我屏住呼吸，不愿惊醒这一刻的梦。

想要拥有一场完美的旅行，选择一家享有盛誉的全球连锁酒店，总是不会令人失望。

位于厦门新兴商业中心——五缘湾营运中心的希尔顿逸林酒店，守望着厦门最美的海湾，地理位置可谓得天独厚。来到酒店，一场滨海浪漫之旅已悄然开启。

入住伊始，一份香脆热巧克力曲奇的欢迎礼物，把希尔顿一直以来对顾客细致入微的贴心关怀，暖暖地注入了我的心里。

拉开窗帘，便可饱览绝佳胜景，落地窗外，碧空如洗，五缘湾游艇港风光与城市景观尽收眼底，一望无际的海面上，阳光的倒影被风剪开，化成粼粼波光，映着往来的白帆与天空的流云，此时，喝上一杯铁观音，安享这独属于我的美好时光。

想与这座城、与这片海有更多的接触，于是有了行走街巷的惊喜、漫步沙滩的悠然、乘帆出海的广阔……记住了城与海的美，也记住了在希尔顿酒店的每个朝暮，它给予我最熨帖与舒适的体验。

一场完美的旅行，总是令人不舍，我拖起行李箱轻轻关上房门，生怕惊扰了这最美的记忆。

希尔顿逸林酒店

58

五缘湾

五缘大桥

五通灯塔公园

五通灯塔公园

五通灯塔公园

从五缘湾乘帆船出海，在海上遥遥可见五通方向有一座白墙红顶的灯塔，于海天之间静默矗立，似有种无声的魔力，召唤着我，去到它的脚下。

笔直宽阔的道路，从公园大门一直通往灯塔，道路两侧的浮雕绘制着世界各地的著名灯塔，它们或站在崖顶俯瞰惊涛骇浪，或独守小岛与天地沙鸥相伴，忽然心生愿望，想为了领略它们的美而浪迹天涯。

顺着绿意盎然的山坡登上塔底平台，高70多米的塔身在蓝天下令人仰之弥高，脚下有片静静的避风港，远处是浩瀚无边的海，风从海上吹来，似乎也感知到了灯塔的胸怀……

或许你不会想到，这座公园曾是翔安海底隧道工程的弃沙场，而这座灯塔的下面，藏着海底隧道的通风孔。它是设计者怀着对这座城市的热爱，为翔安海底隧道工程画上的一个完美句号，为东部海岸留下的一个美丽亮点。

夜幕降临，写着"五通灯塔"四个大字的塔身通体明亮，为迷航或者归来的船只亮着360°的灯火，也在黯然或悲伤的人心中投射了一线希望。

五缘大桥

看过许多海边的风景，最难忘的还是五缘大桥下的日落。

在厦门岛的东北端，有五座圆拱形大桥横卧在万顷碧波之上，与其倒影构成"五圆"，谐音"五缘"，是相依相伴不可割裂的"圆"，也是渊源深厚相生相助的"缘"，寓意海峡两岸盼团圆，以及闽台之间地缘近、血缘亲、文缘深、商缘广、法缘久的一衣带水情。

景寄了情，情也应了景，沿着海边的木栈道行走眺望，五座桥由近及远如五环相连，每座桥的造型与色彩各有巧思，它们横跨碧海，头顶蓝天，用静默优美的姿态表达着一种最美好的期愿。

太阳渐渐落山，嵌在沿岸错落的楼宇间，向着静静的海面倒映成画。栈道边成排的树木疏影横斜，沙滩上停走的人们成为剪影。五缘大桥灯带亮起，如一条银龙飞架南北，夕阳不知什么时候已经落进了海里，只留下一片云霞染红了暮色。

明月初升，照着海上的五个"圆"，圆了天地人，也圆了日与月。

民俗文化体验之旅

惠和石文化园

惠和石文化园
喜来登大酒店

行走在石园，掌心触碰着参差深浅的凿痕，或小家碧玉，或栩栩峥嵘，或纵横捭阖……

仿佛化身为惠安女子，眼中没有太多的波澜壮阔，心里却有圈圈涟漪如琢如磨。不愿如米芾般拜石为兄为丈，只愿如数家珍般，在心中刻下一部属于自己的石头记。

青春就像一场躲不过的雷雨，谁都可以对她不感冒，也并非都能在雨后挂上一抹傲娇的虹彩。但，又有谁能拒绝，雷雨过后水落石出般的亭亭玉立。

整夜，就在喜来登酒店的落地窗前，为石头写下长诗。却在清醒后的早晨，逐行检视，删去每一个与之相关联的字。只因它们已如刻刀般，在心中留下了凿痕。

酒店精致的美食诱惑得我从精神世界中出走，一个小小的摆盘，见到了雕琢之心。见微知著，高格调的承诺名副其实，也算是此次出游的锦上之花。

喜来登大酒店

桥梁博物馆与九朝汇宝博物馆

桥，从土地里生长出来，跨跃大海，紧紧地钳住两岸，成了这座城市的铁臂。它高耸的110根悬索，如根根琴弦日夜拨动着城市迸发的清音。

这是一座穿越时光的桥，它的锚碇里，架构着桥的前世今生。它将古今中外串联，将此岸与彼岸连通，让你把桥上的风景看透，并借此感知了，桥与城市共生发展的速度。

从海沧大桥出发，横贯厦门岛，奔赴五缘湾，这里同样有一座博物馆，与历史相通。

细雨飘霏清风摇，谁在窑烧边经千年的等待？她是一尊传世的青花瓷，素白玉坯，釉色如雨，走出尘封的历史，重现当年的美。

她是九朝汇宝博物馆，馆藏无数孤品重器，屡创拍卖神话，打破市场寒冬，如同在烈焰中烧出的一朵玄青牡丹，自顾自美丽。

九朝汇宝博物馆

上古文化艺术馆与张仃美术馆

上古文化艺术馆

遇见上古，隔着古今，
隔着几千年的日月。

为什么你的面容如此冰冷，你的纵目中没有焦点？如果远古传来一声呼喊，你会回头去寻找丢失的法器吗？如果我伸手触碰你，你会突然开口，说起前世的悲喜吗？说那时天圆地方，人首蛇身，猎犬爬上龟背，鸟儿落满扶桑……

谢谢你，将自己一剖为二，抬了最沉重的那块龙璧来见我。放下吧，把你的身体合二为一，跟我去看看外面的世界。

你可知道，在咫尺之遥的张仃美术馆，你就可在笔墨丹青里神游山水。《昆仑颂》《泰山》《羲皇故里》《布达拉宫之晨》……哪一幅，才是你心上的故土？

张仃美术馆

好玉不古，人心不腐。你拂开5000年的尘土，为断代的历史做证；而他，用80年艺术生涯，绘下了一个世纪的中国美术史。这注定，是不朽的遇见。

福德文化节

钟宅畲族送王船与福德文化节

钟宅畲族送王船

不知是天边的云烧到了海边，还是海边的火烧到了云上去。

那是一场炽热的祭礼，历时三个月建成的王船，在一场烈焰中归天巡海。当火光退去，72岁的老船匠驻足在船灰旁。他知道。一夜的潮汐将吞噬灰烬，而他，也该去寻找新的接班人了！

钟宅畲族，厦门岛内唯一具有600年历史的少数民族部落，曾经以渔猎为生，却被城市化的洪流裹挟着上岸，失去了渔船。而"送王船"，作为一种扎根进血液的海洋信仰被传承至今，成了他们与大海最后的精神往来。

"送王船"是对海的敬畏，而德福文化，是对土地的感恩。

在不远处的仙岳山土地公庙，一场福德文化节正隆重举行。在这个香火鼎盛的福德圣地，来自中国大陆、中国台湾和东南亚的信众齐齐跪下，共祈福润德泽。

在几千人俯身叩首之间，信仰，已成为人们精神的罗盘，让人心开花，朵朵向阳。

厦门博饼民俗园

一个大碗，6个骰子，63个会饼，一桌心跳，家家状元……这就是厦门人的中秋。

最早的一博源于英雄的传说。说那时郑成功挥师东渡，驱荷复台，为解将士秋思之苦，命人创下了这千古一博的游戏。

时隔三个世纪，当年的铁骨柔情，已化为两岸中秋的集体狂欢。在"东渡飞虹"的海沧大桥旁，一个博饼民俗园被精心建成，处处诠释着厦门人"爱博才会赢"的生活哲学。

那天，我追逐着海沧大桥上的一轮圆月到此，才发现了这个厦门岛内观桥、看海、览月、博饼的好去处。月华如水，我踩着千古的博饼和科举记忆向前，举步秀才路，拾取进士阶，凭栏状元顶，步步登临，步步景。

都说这一博能为来年博一个好彩头。其实，一生也不过一搏之间。当你登高望远，沿途的风景已尽收眼底，前行的路已了然于心，你大可放手一搏，勇敢地掷出手中的骰……

厦门海丝艺术品中心

海峡文创园

海峡文创园与厦门海丝艺术品中心

每一个优秀的建筑设计师,都有建设乌托邦的执念。海峡文创园,就是这种执念的生发之地。

时光,是建筑最美的装饰。旧厂房的工业风被完好地保存,钢铁气息、水泥色调、裸露的楼梯、奔走的线条……如一曲清流,满载着昨夜的月光,奔赴下一个渡口。而等待在渡口的,是几百位优秀设计师,同他们的建筑与美学之梦。

走出这片筑梦空间,只10分钟的车程,就闯入了厦门机场自贸区内的艺术之门。

"一库三中心,一店一广场",一个艺术品的乌托邦在此宏大布局。海丝臻品、中西典藏、名作名家名展、交易展示拍卖……仿佛爱丽丝的仙境,把所有关于艺术品的幻想实现。

对于理想之境,总有人怀着热泪追寻。

海峡文创园

联发华美空间

巨大的蝴蝶蛰伏在高耸的外墙上，如一座门楼将两栋并肩的建筑相连，它在等待夜的到来。当天幕低垂，红色的流光像血液在它体内游走，它便再次拥有了生命，完美蜕变。

蜕变，正是这一方天地里最动人的故事。

30年前，这里是厦门经济特区建设的肇始地，一大批重点工业企业聚集，驱动了城市发展的巨轮。

30年后，产业升级的号角响起，曾经的老工业区经历着"腾巢换凤"。而这只凤凰衔来了火种，将创意办公、艺术街区、时尚秀场、空中花园、城市印记等创新元素一一点亮，燃烧出一个新的文创时代。

行走在联发华美空间文创园，仿佛走进了异次元的时空之门。当一栋栋具有年代感的老厂房从工业时代抽离，一头扎进了由一个个极致的艺术空间所渲染出的张扬的夜色里，过去同未来两股洪流在她体内交织、言和，激荡出重构之美。如破茧的蝶，如涅槃的凤……

时光漫步心灵之旅

厦门经济特区纪念馆

海堤纪念公园与厦门经济特区纪念馆

海堤条石砌筑的墙上,镌刻着"厦门海堤纪念公园"八个大字,字里行间的沧桑触手可及,六十余载光阴倏忽而过。

眼前长长的堤岸,在这座城市的建设发展历程中,有着非凡的意义,它连接了小岛与陆地,也连接了过去与未来。

广场整堵墙面上的大型浮雕,将英雄人民在激流中填海的历史场景重现在我眼前;石碑上的数据与大事记,记录着老一辈厦门人为建设家园所付出的勇气与智慧,那移山填海众志成城的"海堤精神",是任何时代都不可或缺的力量与财富,将如薪火被代代相传下去。

在随后来到的厦门经济特区纪念馆,我寻到了这座我们热爱的城市成长的足迹。

展馆里,有风云激荡的历史照片,亦有见证了重要事件的实物,它们带领着我循着时间的索引,重温了特区发展每一个令人难忘的瞬间。二楼西侧的陈列室里,复原了当年小平同志题词的塑像和场景,那个激动人心的时刻仿佛历历在目,向世界宣告了这座海滨小城三十年迎来的沧桑巨变。

一代代特区建设者,几十年风雨彩虹路,有一些人,步伐坚实从不退却,这些人叫作"特区人";有一种梦想,只要努力便可触及,这个梦叫作"中国梦"。

艾美酒店与悦华酒店

艾美酒店

沿着仙岳山缓缓而上,建筑造型明朗独特的艾美酒店通体明亮,静静地立在半山的夜色里,一时恍然偶遇了童话里的世外城堡。

虽身处静谧的山林间,酒店仍充满现代气息,无论公共区域还是房间,时尚前卫的设计风格,营造出酒店独有的创意与奢华之感。大理石浴室里,独具特色的热带雨林淋浴让身心得到了充分的放松。

清晨,一缕阳光穿过窗帘叫醒熟睡的我,窗外庭院里的花草树木显出无限生机,漫步山道,目之所及尽是满眼绿意,林间的风沙沙响过耳畔,山下的城市在晨光里渐渐苏醒,想要记住此时无限美好的心情,用来开启今后平常生活里的每一天。

艾美酒店

悦华酒店

"一城如花半倚石，万点青山拥海来"，在这座美丽的滨海小城，择一处良所而居，去体验它的风情万种。

走进悦华酒店，便如同走进了包含天然湖的原生态私密大公园，山环水绕，藏风聚气，亭台错落，移步换景，感叹这里不仅仅是一处可供度假休闲与商务活动的居所，更提供了一种身心灵与大自然交会的生活体验。品尝悦华美食，惊喜地发现无论是海鲜、西餐、日本料理，还是福建首席名菜"佛跳墙"，都是悦华大厨们的拿手好菜。

来过悦华，才明白一个品牌能够享誉多年，是日积月累的坚持和守望，也是这座城市的山海给予它的厚待。

国际邮轮城

这里，汇集了都市中心豪宅、超五星级酒店、甲级写字楼、国际名品购物中心、国际美食旗舰……这样的居所，似乎已是一座城市里可以拥有的最高配置，然而，它给我们绘制的蓝图却不止于此。

东依狐尾山千亩森林，西傍西海湾万顷碧波，兼容了海湾公园的自然韵致与筼筜湖水的波光潋滟。一览山、海、湖、园的风景，进有都市的繁华，退有自然的静谧，这才是厦门国际邮轮城最得天独厚的财富与资源。

久居都市，最难得的是身与心的平衡。工作间隙，窗外有碧海蓝天可供远眺；忙碌过后，阳台有清风鸟语用以佐茶。花草在阳光下怒放，孩子在庭院里奔跑……无须动用车马，出门即可攀山、游园、赏湖、看海，把健康的生活方式与最美好的休闲时光留给自己和家人……

这才是理想生活该有的样子吧。

仙岳福地与观音寺

仙岳福地

山不在高,有仙则名。择一个清晨早起登仙岳山,领略它"不是名山胜景,胜似名山胜景"的佳境,沾染这片有福之地的福泽与禅韵。

坐南朝北的山体绵延起伏,峰峦叠翠。林梢有淡淡的清雾未散,成片马尾松和相思树顺着山坡向上生长,郁郁葱葱的秀色使人忘忧。

半山的福德正神土地公庙,历经岁月盘剥,至今香火不绝,我在阶下石刻前长久驻足,细读这座庙宇以及福德文化的渊源,亦明白了仙岳山被誉为"福地"的原因所在。这一脉山川庙宇,寄托着寻常百姓祈愿家国兴旺的朴素愿景,传承着两岸同胞同根同源的福德文化,牵系着无数闽南儿女落叶归根的故里情怀。

仙岳福地

观音寺

观音寺

跨过榜书"观音寺"的山门,山路清幽,引人缓缓前行,抬眼处,梵宇院舍掩映林石之间,观音寺寺宇恢宏矗立,青烟袅袅,梵音绕梁。

朗朗天空下,白色八角万佛塔一派庄严清明,塔旁许愿树上挂满红幡,禅风吹过,拂动红幡,也吹向山下被护佑的土地与众生。

晨钟响起,步入大殿,双掌合十,殿上菩萨微笑不语,千般杂念渐渐止息。

一念清静,心归其所。

闽南古镇

漫漫历史长河,寻常百姓生活沉淀下来的过程与记忆,便成了一个地域独有的文化语言。

未见闽南古镇前,因为它的设计者是曾主持设计"台北101"大厦的世界著名华裔建筑大师李祖原而额外多了一份期待。来到古镇,仍为第一眼看到的气势恢宏而叹服。游走于古风浓郁的特色建筑之间,那精雕细琢的燕尾脊、瓦当、木雕与石雕,用它们优美的线条和细节默默雕刻着时光……它们是世代闽南人放不下的乡愁与历史,也是像我这样的访客们读不完的风情和故事。

然而,闽南古镇的意义与理念不止于此。步行街、露天廊道、景观建筑、商业空间的错落组合,使它成为集文化、旅游、商业、展会四大功能为一体的一站式商业街区,也成为海峡西岸首座具有闽南文化特色的超广域商贸中心。它是传统文化的载体,也是休闲游乐的天堂。

你不该错过闽南古镇,因为在这里,你将邂逅一场最美的旅行……

湖里公园与忠仑公园

湖里公园

充满自然意趣的湖里公园，依山傍湖，别有一番景致。春日午后微风阵阵，迎宾广场绿草如茵，百余种热带、亚热带林木花草错落有致，几座亭台伴着湖光山色，将我的脚步引向深处，偶见老人对弈，亦有情侣闲坐，处处都是被放慢的好时光。

园中林荫小道四通八达，通往各种游乐设施，这里是孩子们梦境里的奇幻游乐场，看着最纯真的笑容在他们脸上如向日葵般绽放，我想，这就是我们在最平凡的流年里，可以把握的小确幸。

湖里公园

忠仑公园

忠仑公园

城市里，需要一些园林和绿地，在每一个周末里洒满阳光，来寄托我们忙碌之余的幸福感和孩子童年最快乐的记忆。

都说忠仑公园四季从不缺少繁花盛开。正值春季，成片的桃花在春风里笑得醉人，站在树下，恍然置身粉色云海，抬头在树梢的缝隙里捕捉蓝天，心也变得清朗透明。而油菜花亦不负春光，在山坡上肆意铺展开来，灿烂的金黄色溢满了我的目光和镜头。

几百年树龄的老榕树在公园的各处为人们遮雨蔽日；孤芳独秀的莲花峰上，林木葱郁、岩石环绕……目光所及，处处都有生生不息的自然之美，这才是城市里最珍贵的风景。

湖里信达 & 风信子 & 跑街

我心心念念的宝藏，赫然藏身于琳琅满目的商店展架上，相遇前的期许，有了回响。

行走在湖里信达这样最老牌的免税商场，堪称华丽的视觉震撼，像极了一块躺在丝滑绒布上的名表，高贵、严谨，透着迷人的绅士气息；又仿佛身上裁剪得体的旗袍，衬着老裁缝执着的匠心，低调、含蓄、体面，时间越长，回味越长。

购买的欲念早已越过了国界的阻隔，"风信子""跑街"更是非去不可。进口直购体验的横空出世将寻宝的版图无限扩张，日韩潮品、北欧冰鲜，购物车里的世界风光将心中的愉悦越填越满。

手提肩挎，心仪的战利品塞满大包小包，想要拥有的欲望得到了充分的释放。欢快的脚步，难掩喜悦，广播里的甜美女声因行远而渐消。感叹这世界真大，大到一个水果也能千变万化；世界又真小，小到一个购物袋也能装得下重洋。

休闲工业观光之旅

太古可口可乐

太古可口可乐与贝尔兰咖啡

玻璃瓶,似少女的长裙,井然有序地在德国进口的生产线上流转,灌满会呼吸的冰爽,琥珀色里升起的气泡在欢愉吟唱。

数以万计的可口可乐纪念品在展厅里静静陈列,厚重的文化演变成时间轴上的更迭奋进,历久弥新。就凭这份专业与严谨的传承,企业的未来,便会如图文上的飞鸟一样,在太古葱翠的绿意间,展翅翱翔。

咖啡杯,更像贵妇的宫装。瓷土与骨粉在完美的比例下混匀煅烧,拱卫这撩人的醇香,乳白色拉花后的泡沫舞步旋转。

安爵理德咖啡博览馆暖洋洋的灯光,铺洒在风格迥异的器皿上。墙上的画框里,溢出锁不住的工艺文化与独特内涵,咖啡豆冲过重重阻隔拥抱方糖。腾腾热气,轻轻搅拌,深邃醇浆在口鼻间苦馨回甘。捧一本书,细细品尝。

贝尔兰咖啡

厦门朗豪酒店

有过很多次出行，去熟悉或陌生的地方；住过很多酒店，以预订或者随遇而安的方式。在这些短暂的旅程里，我们选择了怎样的酒店，便是选择了从怎样的角度去体会一座城市的生活质感。

地处厦门岛城市中心，依傍繁华的万达商圈，身处闹市却不浮躁，为旅人奉上一方典雅宁静的栖居之所，或许，这就是我选择朗豪酒店的原因。

从步入大堂伊始，现代时尚又疏朗开阔的设计风格便带给我愉悦的心情，进入同样宽敞明亮的房间，现代化的设施与人性化的细节相得益彰，走到窗边，碧空暖阳下，无尽开阔的城市风景豁然眼前，厦门之旅的美好时光，在此刻徐徐开启。

无论白日里怎样行走奔波，回到朗豪，有一扇窗的灯光总会为我点亮，在宽敞洁净的浴室里洗净身上的风尘，让床头优柔的音乐舒缓心间的倦意，窗外夜色阑珊，一个甜美的梦将如约而至，我与这个城市，从此不再陌生。

活力海沧

像是一场电影，演前世今生。有很多故事要说。说溪水沧江汇入了大海，说一座古镇藏海丝往事，说吴真人在采药炼丹，说"开台王"欲乘船离去，说两岸的血亲正在重逢……

像是一首渔歌，在风中前行。它从海上来，由一只白鹭哼起，得到了海浪的应和，终于被嵩屿码头的一声汽笛振奋，唱响在海沧湾的红树林，又越过儿童公园里孩子的笑，一路高歌在海沧大道上……

像是一轴水墨，轮回着山水。春天，它是天竺山的玉兰开在空谷；夏天，它是城市菜地的葫芦爬了一架；秋天，它是莲塘古厝立在风中；冬天，她是日月谷的温泉暖了一城。

这里是海沧。从厦门岛出发，过"东渡飞虹"的海沧大桥，从繁华中抽身，感受时光被拉长、放缓、淘净。这里没有熙熙攘攘，只有一片山，一片海，一座城在山海中，一村香火连两岸，还有一个个农庄、一片片农田，供情思疯长。

厦一站，海沧

天竺山森林公园

3月,我是玉兰谷里第一朵苏醒的花,被一群麻雀吵得睡不着,决意在明天盛开,只等那黎明的风轻轻一碰,我便舒展含羞的花蕾,像睁开眼,像打开窗,像张开翅膀。

6月,我是百竹园里一棵摇曳的湘妃竹,身负着娥皇、女英的泪。风入竹林,婆娑了千百竿竹影,却拂不去这斑斑泪痕。

9月，我是龙门寺后的一地红叶。千年前，轻踩在这层层落叶上的，是隐身真寂寺的天子，而同他坐看云起、卧听梵音的，是洞中修炼的禅师。

12月，我是天竺湖上一只南归的候鸟。我跨过千山的重围，来这片温暖的水域，赴一场与三角梅的约会。就在昨天，她用绚烂的枝头，收留了我漂泊的脚步。

我是天竺山，多少城市里的人们，曾匆匆从山前过。我想拥抱他们，就像拥抱每一滴水，每一片落叶，每一只晚归的鸟。

海沧大道

行走在路上的，是脚步迟缓的老大爷。他奔波了一辈子，终于有了时间，细细地走过这海湾。

奔跑在路上的，是肤色各异的马拉松选手。这条由200多种植物掩映的绿色赛道，同这奔跑的人群一样，充盈着活力。

骑行在路上的，是17岁的少年。他怀揣着关于同桌姑娘的心事，期待下一个转角就能遇见她，在这道旁的海湾公园。

行驶在路上的，是急匆匆赶路的上班族。他被广播里的一曲《棕榈树下的梦》打动，正思考是否该停下车，去看看棕榈、阳光和沙滩……

无数人从这路上走过。他们南来，或北往；相逢，又别离；曾迷失，也曾找到方向；急匆匆长大，又依依不舍地老去。而迎来送往的这条路，一头在海岸，一头在山前，它像河流奔腾，昼夜不息，忘了有多少脚步，多少车轮，曾从这海岸线上经过。

青礁院前

32座古厝前，颓墙与细草临风。时光，在推开宅门的那一刻变老。百年的面线店，有千丝万缕晾晒；乡愁，在举筷之前已入肚。"一旦流离，无所庇护，当自求诸身尔……"大夫第里传来读书声，黄头稚子品读着《颜氏家训》的厚重。

——我走过它，走进岁月里。
凌乱的鸡舍和棚屋已换作庭前的花开。村头散落的百十亩荒地已连绵成一畦畦的菜园。引种自台湾的果蔬在这里开花结果。荷锄归来的老人披一身零碎的星斗。他咧开嘴笑：如今环境好了，我要再活几十年。

——我走过它，走进牧歌里。
古朴的院墙上，开台圣王和保生大帝的故事被细细传唱。村口田头，凤梨酥、陶艺、蜜熊窑pizza等台湾DIY手工坊在这里扎下了根。更有频繁的两岸互访与交流，将同宗同源的血脉，从古续到今。

——我走过它，走进闽台文化里。

沧江古镇

墙里书声墙外绕,墙外船行墙里明悌孝。莲不染尘君子比德,塘以鉴景学士知方。

莲花洲上,集住居、学堂、祖祠于一身的莲塘别墅,是古民居中冠绝八闽的活化石。

茶花含蕾，葡萄半枯，仙人球排列成行，打水的桶绳在井口摆荡。石雕的窗棂，鱼跃鸢飞；瓷雕的花蔓，活生生长在了墙上；砖雕寻遍，同识百花兼百兽，共赏画技与工刀。水车堵上贴金木雕泛着光，庭前屹立的卫兵挺直脊梁，守望星空的檐角被月光洗净，一切庄严如昨。

"采莲南塘秋，莲花过人头。"都说莲花洲上曾经荷花满塘。是否也有那采莲的女子，莲心暗许，为了那学堂中的少年？过往的故事，已不得而知。只有那窗上的对联偶然说起了其主人的智慧，"此地半山半水，其人不惠不夷"，前人的辉煌与良善，源远流长，濯尽沧桑。

日月谷温泉公园

吴真人，用日月谷的温泉水，治愈了病疫的苦痛。保生大帝，你是否还能用这千年的灵泉，抚去我的疲乏。

藏身在远离喧闹的汤岸边，沉醉在东南亚的风情里，洗净一段时光。抚荷轩里吐露着花瓣和原木的清香，氤氲出一片古色古香。鼻尖沁着汗，包裹在温热的山泉水中，肌体在纵情呼吸，心思在水汽中涤荡。

阳光洒满矿沙泉，加味泉里遭遇芭乐与柠檬的奇遇，花瓣泉里浮动着玫瑰和薰衣草的暗香，草本泉里人参和当归熬出了浓浓的药汤……这一泓泉水的变化太多，像一壶老酒，每一处都有深味，有醇香。而我，最喜揽月泉的幽静，暗暗与自己约定，待到白露垂枝滴秋月，必定再来，把风月，一人独享。

躺在温热的云石上，雾气蒸腾，按摩过后的身体，像流瀑泉里激起的万千水花，轻盈通透。轻轻闭上眼，深呼，深吸，我听到了风声在树林，古潭起清音……

温暖如此刻，一谷日月一股泉。

嵩屿码头

火烧云，又一次盛装而来，她火红的裙裾席卷到天际。大海失去了自己的颜色，迷失在一片霞光里，它把浪涛拍向海岸，仿佛心中有一把火在烧……

等一艘船，在嵩屿码头。却等到了一个天启般的世界。目光越过海天，从大屿岛的白鹭翩翩，到鼓浪屿上八卦楼的红色穹顶，再到鹭江道上耸立的双子塔，整个世界沉浸在一个不可思议的梦里。

一声汽笛，把我唤醒。渡轮缓缓出港，海沧湾的轮廓渐渐在眼前铺展开来。绿树掩映的海岸线像极了流动的五线谱，沿线林立的高楼是跃动的音符……这里曾经是厦门通往世界的门户，福建第一条铁路漳厦铁路由此启程；在海沧大桥建成前，这里是通往厦门岛内的要道。现在，她是厦门滨海浪漫旅游路的又一个全新的起点。

8分钟，1公里的航线，我便踏上了鼓浪屿的土地，回头望，曾经的此岸，变成了彼岸。她还在那里，像倚闾而望的母亲，等你停靠，又送你起航……

南枕玳瑁群山，北望灵鹫山峰，一抹粉墙，辟为山门。抬眼望，石磬金桂幽静禅，室馨玉兰清香院。石室禅院，欣然嵌藏其间。

依山面海，朝钟暮鼓。始于1300多年前的诵经声，将普度众生的慈悲娓娓道来。林木葱翠怪石嶙峋轻吐处处金莲，海天水阔银浪滔天坐收渔帆点点。殿门上写着的兰若与菩提是为因，殿前殿后种着的玉兰与菩提是为果。

也许你无法体会厢门的水流花径与关松度云是何种意境，但你可以在飞天仙女、大象夔龙、花草典故这些风格迥异的雕刻绘画中释意；更能在高山天湖、试剑石、飞瀑、仙人足迹、观音崖、石旗石鼓诸胜中流连。

效仿佛陀慈悲，弘扬药师精神。忠明法师让石室禅院绽放感恩、净心、惜福的佛光。走过108米长的十二药叉照壁，万福万寿和平钟被我庄严地撞响。

无须修成舍利，我的禅，用一生去参。

石室禅院

天竺山香草园

从小，就经常做一个紫色的梦，阳光下，遇见一片花海，高高低低地绽放在田园里，在夏日的风中打开浪漫的符号……

后来长大了，紫色的一帘幽梦依然记忆深刻，踩着岁月匆匆碾压的齿轮，从远方走来。这里有着最淳朴的风情万种，远离喧嚣，是我们心之所念的美好日子。静心走过，邂逅一场陌上花开。

普罗旺斯很远，海沧很近，美景永远在，只是，你得现在就出发…

东方高尔夫球场

Green（绿色），oxygen（氧气），light（光明），friendship（友谊），golf。

不喜欢高跟鞋的羁绊，痴迷雀跃在草地上的莹莹软软；不喜欢向笼中一只骄傲的孔雀示好，期待偶遇蝼蛄扯些家常；不喜欢所有山脚处的仰望，眷恋在13号洞时俯瞰全厦门的风光；不喜欢剧烈奔跑时的大汗淋漓，爱上了欣然挥杆时的气定神闲。

于是，我来到这里，来到东方高尔夫。

马銮湾吹来的海风拂过脸庞，继续吹向后方去叫醒玳瑁群山。度假别墅的大床舒服得不舍睁眼，但我仿佛能听到远处白鹭和野鸭觅食的晨光。瀚海、涛声、金沙、古洞、奇石、名木等着我赏玩，我却久久停留，只为那一地火红的木棉。

一杆起，它越过果岭，飞向蓝天与白云为伴，世界简单地只剩下一个圆点，时光缓慢。

我在回味什么？是农家小厨的淳朴、垂钓渔获的肥美、炭熏火烤的浓香，还是潺潺山泉的甘甜？

我在回首什么？是耸动着耳朵的梅花鹿、晃晃悠悠踱着步的孔雀、一丝不苟傲娇着的天鹅，还是水里悠戏着的鲈鱼？

古山寨在鸟儿的鸣唱中醒来，林间小路的石子湿漉漉的，包裹在草木泥土的芬芳中，我感觉自己也柔润起来。就在此时，我看到了答案，那是被朝露洗得干干净净的，一个，路边的山茶花蕾。眼里是车窗外倒退的景，心中掠过的却是龙安谷成片的荫。迎面拂来微凉的风，草在风间跳跃。离开位于诗山的鑫龙谷休闲农庄，虽不是诗人，却仍然在别时的心中充满诗意。

我在留恋什么？是户外拓展时的坚毅、极限攀岩时的激扬、野战冲锋时的肆意，还是山间篝火时的温情？

鑫龙谷休闲山庄

儿童公园

微笑还在嘴角,她甜甜入睡。哪怕月亮忘记了,她也不会忘记,我曾在无数个入睡前的夜晚,答应要带她去的儿童公园。因为,明天就会实现。

在海沧滨湖北路与东屿路口交叉口下车,一眼望去的儿童公园,像是打翻了的调色板,雀跃地散在地上,这里画出一片欢声,那里涂成一番笑语。

玩沙、戏水、攀爬拓展、探险游乐,12个分区应接不暇;透光屋、海娃剧场、植物迷宫、金色幽灵海盗船、绿色妖怪攀爬网,51个非动力儿童游乐设施新奇而又充满挑战。而此时的她正在奇幻的木质童话城堡中撒着欢……

微笑还在嘴角,她甜甜入睡。哪怕月亮忘记了,我也不会忘记要再带她去儿童乐园。因为这样就可以为她系上漂亮的丝带和小铃铛,让她夜夜好梦,梦里嬉嬉笑笑、叮叮当当。

青礁慈济宫

年轻的女子在保生大帝的神像前跪下。

她瘦，且少笑容。是满怀着身体的痛，或心上的事，等着保生大帝来医吗？

都说他按病投药，如矢破的，又慈怀济世，普济群生。若没有那一次山崖上的失足，他或许能再活100年，在满山的草药香里修一副仙风道骨。好在，在世的功德不灭，他屡被褒封，成了具备最高神格的神，庇护着两岸众生。

还未走近青礁慈济宫恢宏的主山门，我已被眼前的景象震撼。811级台阶攀山而上，将岐山南麓直直分成了两半。前来参拜的人们面朝着山巅保生大帝的巨型雕像拾级而上，仿佛朝圣。

而就在阶梯南侧的慈济宫主殿里，保生大帝的神位正在缭绕的香火中接受着信众的膜拜，和海内外分灵庙的拜谒。

当我爬上山巅，仰望保生大帝，从他不曾老去的双眼里看到了医者的慈悲之心。我深信，当夜深人静，他真的会走下台阶，在龙湫坑里捣药炼丹，他甚至会再次爬上生前坠落的悬崖，为病痛中的子民采得那救命的灵药……

腾邦欣欣旅游产业园

退潮时分，海沧自贸区公园内，浅浅水面轻抚着滩涂，白鹭觅食于浮岛上，垂榕和皇后葵组成的"树隧道"一线拉开，林荫斑驳，通往岁月的深处……就在这个水色迷蒙的滨水公园附近，腾邦欣欣旅游产业园带给了我惊喜。

宝岛梦工厂，园区的创新项目之一，向我展示了台湾观光工厂游的迷人之处。蛋糕毛巾、创意手信、手工牛皮纸包包、乖萌可爱的公仔玩偶……充满奇思妙想的文创产品让人脑洞大开；在二楼的DIY体验区里，你可亲手做出美味的太阳饼；还可在福建首个虚拟旅游体验厅里，漫步云水谣的小桥流水，泛舟九曲溪的丹霞时光……

而这里，还只是该产业园的冰山一角。园区的定位，是以全国首创的产业集群模式，聚拢旅游行业资源，重点打造"互联网+旅游"的O2O项目，为海峡两岸旅游企业提供全产业链的同业交易、"创客"孵化、云计算、大数据和互联网金融等服务。

旅游行业，合作比竞争更重要。腾邦欣欣旅游产业园，致力于凝聚行业的力量，打造两岸旅游的梦工厂，让业内认同，让游客欣喜。

青礁村

嬗衍千年的村落，姓颜。

颜家的老宅们散落在村道旁。飞檐翘角、红瓦石墙，连同屋脊上的兽和斗拱上的云，都同植物一起生长。燕尾脊上，是狗尾巴草的招摇；青石阶前，点点雨滴落成了苔。

挂着竹杖的老妇人，蹒跚地走来。她紫色的碎花衣裳，装点着白色的髻。她赶着去开启一扇斑驳的门，她将端坐在门前，在穿堂而过的风中沉默。她在等待，等到儿孙归来，才把话匣子打开……

比老妇人更老的，是村头的风动石，它见证了沧海变桑田，迎接了颜氏祖先的到来，又目送着颜思齐横渡"黑水沟"而去；它曾为颜氏家庙的落成而喜悦，却从不因族人的东渡而悲伤，它知道一水之隔，隔不断血脉。

他们迟早会回来，寻根。

厦门市信息化馆

小时候,被问及心中的梦想,有很多人,坚定不移地说要当一名科学家。我也一样。

长大后,一头扎进生活的琐碎,我们终究只是一个普通人。没当成科学家,只能站在别人的肩膀上,感受信息化的锋芒。

梦想被关上门,信息化馆,为我开了道窗。迅速找到地道的客家菜馆,快捷处理交通事故,预知下一班公交车剩几站,下班路上遥控煮饭,家中险情自动预警……

实实在在的智能化体验,基于看不见的网络交互,构建真正的智慧生活。科技,让城市生活更轻松,使社区服务更便捷,令家庭生活更省心。

我永远成不了科学家,可我愿化身蒲公英,将理念传播到尽可能远的地方,默默感恩,感恩这变革,福泽无疆。

厦门市信息化馆位于海沧大道西侧,海沧湖畔,主要展示智慧城市、智慧社区、智慧家庭这三个层级的信息化成果。在这里不仅能了解到厦门市城市信息化体系建设的成果,还能体验各种有趣好玩的信息化产品。

厦门海旅温德姆至尊酒店

充足的休憩是旅行愉悦的保障，选择下榻海旅温德姆至尊酒店的初衷，是因为这里有温馨的亲子套房。在这里，鼓浪屿的风情我可以隔窗俯瞰。

饥肠辘辘，吃腻了西餐的我们竟决定在这品尝中餐，椿轩的味道大大超出了我们的期望，经典粤菜与特色海鲜的完美融合极大地满足了味蕾。

酒足饭饱，他，选择户外泳池解暑畅酣；她，选择游乐中心稚趣撒欢；而我，选择在瑜伽操房远离喧嚣。

静修后的身体疲乏尽去，迎面走来的侍者好心为我引路，她的微笑里藏着温情。旅途中的人们已沉沉睡去，流动的月光与灯光交织，落地窗外的景致被照得清清朗朗。

橘色的嵩屿码头在丝丝海雾里若隐若现，此刻，俨然已是岁月静好。

厦门中维鼓浪湾酒店

接机的师傅早早到了,眼里的一丝笑意,温暖如久别的朋友。

25分钟车程,我便被引领至颇具热带气息的大堂,几棵棕榈树散发出别样的生命力,一架钢琴静立,酝酿着下一支乐曲。

房间很大,稳重复古的深棕色系,双人沙发,精致的茶具,每天更换茶叶,倍感贴心。最爱阳台上的浴缸,带着这一身风尘而来,迫不及待地把自己扔进一缸温热的水里,身体顿时变得轻盈、通透,一抬头,看见了星空……

一觉醒来,海风拂面,室内外浑然一体的巴厘岛海滨风情在晨光中渐渐浮现。偌大的室外泳池,像一颗碧蓝的露珠,翻滚在一片由林荫拼成的绿荷上。

自助早餐比想象中的更丰盛，三文鱼、腊肠和鹅肝释放了我的味蕾。据说酒店中餐厅有资深名厨料理的顶级佛跳墙、七彩顶级官燕、外婆神仙鸡，都是闻名厦门的菜品。

在这里住了三日，没有旅途的劳顿，只有鲜活的假日时光。

日月谷温泉酒店

在日复一日琐碎奔忙的状态里，心若蒙尘，便会渐渐丧失感知幸福的能力。所以，记得拿出一点时间给自己，暂离城市中心，去接受天地万物的滋养。

无须跋山涉水，天竺山麓便有片依山傍水的绿洲，日月谷温泉度假酒店，就坐落在这山峦环抱、景色绮丽的世外桃源里。

东南亚热带风情的酒店门前，浓荫碧水相映成诗，天竺山森林吹来的风，拂下我肩上最后一丝沉重，开启了让人充满期待的度假之旅。

沉浸在满眼绿植与天籁般的背景音乐里，心神悄然变得清朗；房间里处处可见的原木与藤草棉麻，让这一方空间似乎也延伸成为大自然的一个角落；热情贴心的客房服务、精致的餐食、完善的配套设备，无不彰显着五星级酒店的水准。

108

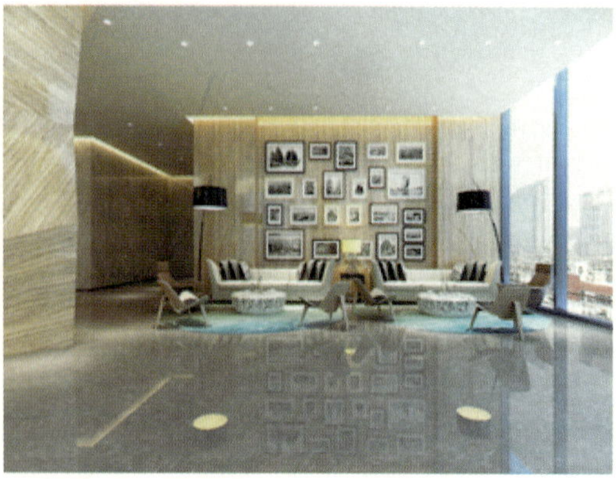

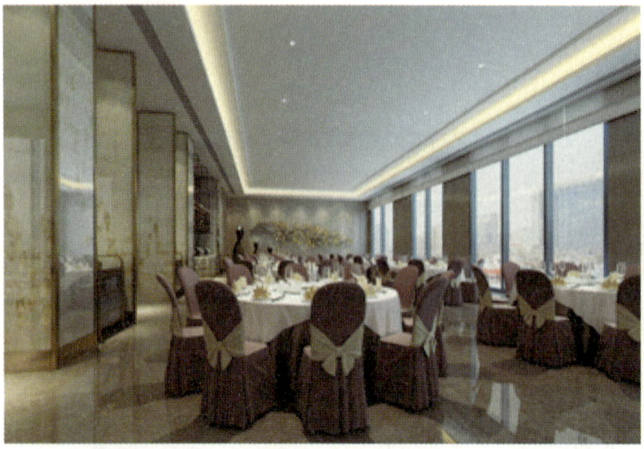

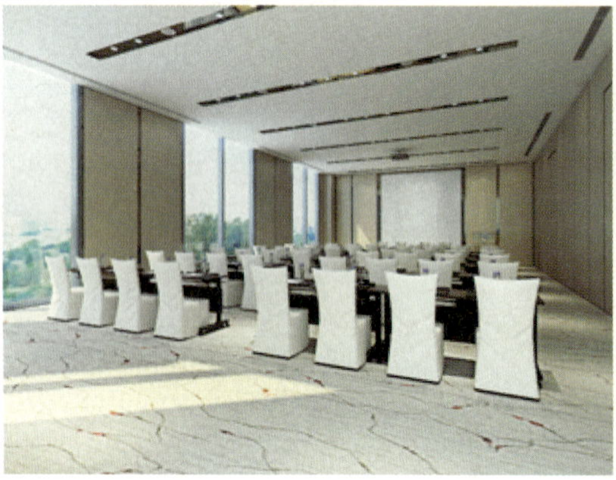

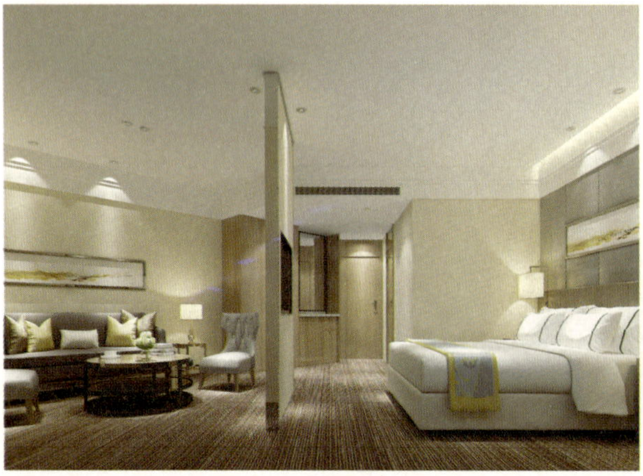

厦门教师酒店

我拖着行李，从一堆年轻的人群中逆流而过。他们是隔壁海沧外国语学校的学生，刚结束一场海边的夜跑，像一群欢快的云雀，追赶着彼此的步子回校。走过他们，我忍不住回头望：青春真好！

一抬头，白色的单体楼占地宽广，正是我入住的酒店：北师大厦门教师酒店。酒店由北京师范大学与厦门海沧投资总公司合作兴建，入住宾客中，多教育界人士和学生家长。又因环境清雅，离码头近，获得了越来越多游客的青睐。

房间很大，简洁舒适，干净利落，正是我对旅行中住所的期待。附带有大阳台，开门迎出去，海风就送了进来，一个简单的凭栏远望，所有的风景都来了……隔岸，厦门岛上迷离的灯火勾勒出海岸线，整个城市像一艘渔船，浮在了水面上。

一夜好梦。睁眼的一刻，同洁净的白色床品一起淹没在阳光里，枕头里荞麦的香气传来，一切都是清新的。突然改变了早起去鼓浪屿的行程，决定去隔壁的校园里觅一段晨读时光……

如果说，鼓浪屿、曾厝垵的民宿，已是"文艺范""小清新"的极致。那么，海沧的民宿，又在这极致之外，多了一层"身在世外"的清幽。

它，或许是山中一座独栋小屋，掩在苍翠树林中；或许是山脚下的一栋田园民居，屋后便是广袤的果园；或许是青礁慈济宫前的一座闽南古厝，穿越到前朝，往历史里张望；或许是嵩屿码头旁的农家小院，与鼓浪屿隔海相望，体验"面朝大海，春暖花开"的海滨沧海风情……

在这里，你入住的，不仅仅是一个带着固定房号的房间、一个有围墙的院子，而是一片山海田园。清晨，你可到菜园里去，摘下带着露水的丝瓜；午后，到树林里去，看一场蚂蚁的鏖战；下雨天，便找一扇朝海的窗坐下，就着海风饮一杯茶；到夜来，便沉沉睡去，在虫鸣中，在星光下……

玩在鼓浪屿，住在海沧。

海沧民宿

泊屿酒店

泊屿酒店

夏沫度假酒店

泊屿酒店

夏沫度假酒店

两岸颜氏宗亲会

当咸湿的海风拂过古朴厚重的颜氏家庙,门前两个"颜"字灯笼轻轻地晃动,轮回着千年的时光。凌空疾反的燕尾脊,背负着一肩的龙凤与海浪。她是母亲的守望,守望远飞的燕子(子女)早日归巢。

同屋脊一起守望的,是村中的老族长。他曾因族谱中走失的一支而叹息:海峡彼岸的宗亲呵,我将怎样将你们找寻?

十年后,当青礁颜氏来到台湾下营红毛厝,发现了另一座颜氏家庙,它竟与村中的那座如此相似,仿佛同胞兄弟,生就着割不断的血肉亲。就在这宗祠的楹联上,赫然写着"从青礁发源"的大字。族谱,就在这里被续上……

两岸宗亲饱含热泪,仿佛久别重逢。这场三百多年后的相遇,是寻亲路的结束,也是省亲路的开始。一批批东渡的游子踏上了故土,他们在颜氏家庙里虔诚地跪下,认祖归宗。

当海峡的暖风再次吹遍,三千燕子在风里回头。

开台王的故事

在台湾嘉义县水上乡,一座古坟坐落在尖山山巅,那是"开台王"颜思齐的归宿。

而就在隔海相望的青礁村,有一条名叫"江东水利"的小河,摇碎了一路蔬菜和瓜果的影子,蜿蜒辗转,汇入九龙江。四百多年前,颜思齐就是从这里乘船离去的,不知当时的他是否也闻到了瓜果香。

是的,这里是颜思齐传奇一生的起点。他最初的身份,是青礁开基祖颜慥的第二十代孙。

这个在青礁村山鸣海啸中长大的孩子,血液里充盈着山的坚毅和海的不羁。他不满宦家欺辱,怒杀其仆,远走日本,后又辗转至台湾。功业,就在这里创建。他率众伐木辟土,开荒垦地,为蛮荒之地带去了农耕文明,进而发展海上贸易。三千同乡追随至此,台湾的拓垦大业由此开篇!

有人说他是海盗,是文章家族里的彪悍者;有人说,他是英雄,心藏大社稷。历史自有公断,他被列为《台湾通史》列传开篇的第一人,以"王"的身份被人们铭记。

随颜氏先祖从山东南迁而来的，还有邯郸（寒单）爷。

黑脸络腮的邯郸爷端坐在万应庙，他已尊享了上千年的香火，听取了四十几代颜氏子孙的祈愿。他圆睁的双目偶尔瞟一眼庙门处的四扇雕花屏风，从镂空的花鸟里看外面的往来不绝。

每年的三月初九，是邯郸爷最期待的日子，他将被抬上辇轿，迎着"炮火"巡境。神勇的轿夫将踩过一路猛烈的焰火，鞭炮将从他们的脚底和头顶炸开……

人群，早已水泄不通。嫁出去的女儿们全回来了，她们要在万应庙前为娘家祭礼唱戏：上百场节目接连演着，踩高跷、大鼓吹、蜈蚣阁没完没了地闹。

这是一场信仰的狂欢，人们用漫天的硝烟和火光，为他们的保护神驱寒。

而邯郸爷将回赐他们的，是富庶与康宁。

青礁村万应庙

院前济生缘城市菜地

当日渐老去的空壳村遭遇到拆迁的困境,那些远走他乡的年轻人噙着热泪回来了。

他们要守住这块土地,因为"祖宅里还住着我的奶奶,供奉着我们的祖先";因为池塘里光屁股玩耍的记忆不能被轻易填平;因为深藏在39座古厝里的那些故事,无法在钢筋混凝土的世界里说起……

最好的守护,就是让它与城市兼容。他们去过城市,闯荡过世界,他们知道在高楼林立的天地里看不见四季。而四季,就在奶奶屋后的菜园,那里春有花、夏有瓜、秋有果、冬有根……

于是,他们放下手机,从父辈手中接过了锄头。

一夜之间,40亩荒地连成了一片,黄瓜种起来了,丝瓜开了花,葫芦架上小葫芦像灯笼一样挂起来了,白蝴蝶来了,蜜蜂来了,城里人也带着他们的孩子来了……他们亲手从地里摘下蔬菜、挖出地瓜;他们用百年的石磨磨出豆浆;他们在瓜棚边烧烤,用土灶煮出饭香……

土地,不再寂寞。古老的村子,活过来啦!整座城市的田园梦被唤醒,而城里的人们,也把乡愁治愈!

东宫9号天缘农庄

有时候，胃也会想家。

想念红通通的辣椒和小番茄，刚从地里采摘，还带着阳光的味道；想念清晨刚收网的那一尾大鱼，那是大海昨夜的馈赠；想念一把野草在柴火灶里烧起，奶奶麻利儿地炒出了一屋子的烟火味。

自从离了家，把南南北北的佳肴吃遍，最想念的，却还是那如家般的农家味。

直到，我来到这里，来到这个抬头青山、俯首大海的村庄，亲尝了一桌地道的农家菜，才把那阳光的味道、海水的味道、柴火的味道，一一从胃里勾起，又匆匆遁入了心。

这就是久违的重逢吗？如果脚步注定漂泊，那就偶尔，让胃回家吧。

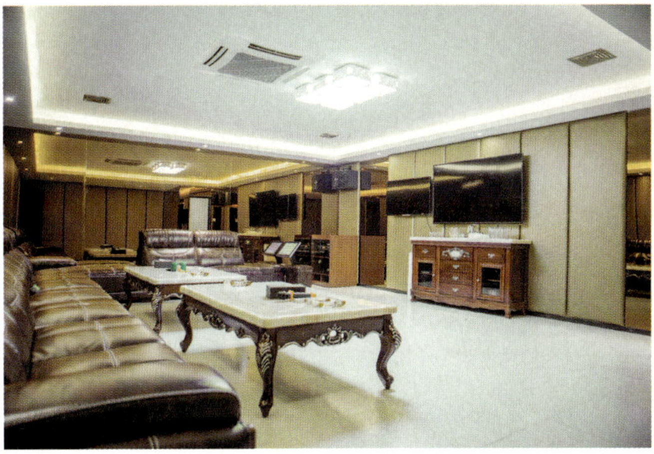

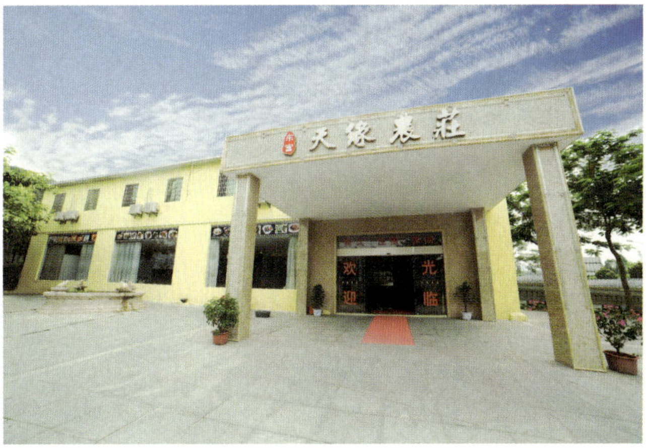
天缘農莊
欢迎光临

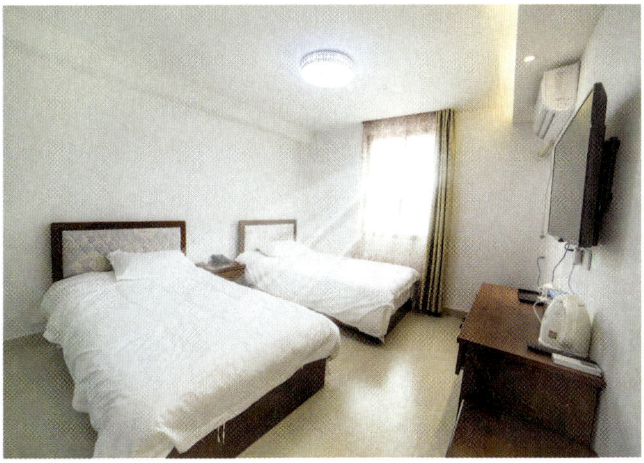

富美同安

寨尖尾山甘冽的泉水涓涓淌着一股松木香，濯净古城的秘密藏无可藏。岁月就是西溪上的那把桨，激荡出"银城"的千年时光。

这里，有鼎盛人文。一座孔庙珍为万世师表的夫子遗珠，隋唐古刹山门矗立虔修得凡尘皆无，兴贤育才的朱熹夯实学子的求知路，钟表鼻祖苏颂展开天文机械的蓝图，看影视城里时空裂变复苏，赏汀溪古窑的珠光青瓷壶……

这里，有诗中田园。溪涧纵横间，飞峰灵秀草木青葱，在顶上人家休憩，往小山村中游走，尝一尝天岩山素食，品一品竹坝米酒，乡居一日，悠然南山。

这里，有灵泉喷涌。鬼斧神工的大自然赐浴山中，盛之乡、翠丰、金穗园……妙绝的微量元素暖流，卸去枷锁与疲乏，繁愁付一洗，碧水余兰悠。

善利万物的西溪水渗进河床被这块沃土吸收，仍是和东溪碰了头，它们各自载了一路的传奇，要说给所有人听。

厦一站，同安

古城文化之旅

同安孔庙

夫子宫墙外，叹我华夏魂，千年子贡语，待我叩其门。

飞檐雕花的门楹后，兴贤育才牌坊肃穆沧桑；两旁的圣迹廊，41幅石雕图道不尽夫子博施于民而能济众的伟岸；石曲桥弓卧泮池，苍松夹道迎我踏上斑驳的古城墙，观澜亭下青云路，东溪两岸通南北，尽是逝者如斯的感叹。

雕龙游，石龟斗，大成殿重檐歇山，"万世师表"的牌匾在殿内高悬。殿旁"钟表鼻祖"苏公祠和"理学名宦"林公祠里前人智慧尽显，殿外长廊上理学大家朱熹的"同民安"真迹雕于石上，可谓"谈笑有鸿儒，往来无白丁"。

祈学廊挂满学子的志向，博物馆藏尽时光的脊梁，石雕陈列场上文臣武将、虎马牛羊。黄昏时分，我来到孔庙，坐在镇桥石将军旁，与他一起闭眼陷入沉思，匆匆搅动思绪的，是圣者言。

梵天寺

梵天寺—梅山寺

风把云吹散，阳光均匀地洒满山峦，斑斑点点的波光在东溪轻荡，隋唐古刹，夹溪峙望。

作为八闽最古老的寺庙之一，梵天寺依山而建，庙郭宏伟，引我在静穆中逐阶参拜。传于宋代的婆罗门佛塔在菩提树冠的荫蔽下，经年累月晨昏浸染；僧人撞响铸满篆文的古钟，钟声在檐下的龙雕翅角里游走，循着东溪上的石桥去了对岸。

对岸，梅山寺精雕细刻的花岗岩山门迎来送往，全国最大的白玉佛像端坐在大雄宝殿，法相威严。后山那座婆罗门佛塔与梵天寺佛塔同出一源，昔日共同镇守西安桥，今天并立东溪岸，共沐佛光。

梵天寺后有朱熹曾经讲学的文公书院，梅山寺内亦有纪念朱熹的文公祠。寺后南麓岩壁上，朱熹以朱砂手书的"同山"两字苍劲飘逸。首仕同安的朱熹，在这里留下了太多印记，也使得这里成了研究朱熹理学的一大圣地，由得后人膜拜瞻仰。

梵天寺

梵天寺—大雄宝殿

梅山寺

梅山寺——大佛（王从民摄）

同安影视城

雨后初晴，天空一点一点地朗润，阳光松软地停在广场上，眼前的世界被一点点铺开来晾晒。

飞檐斗拱，雕梁画栋，"天安门"城墙上旌旗招展，"金銮殿"里日晷一丝不苟地记录着时间。殿内明黄色的龙椅不怒自威，仿佛披着龙袍的身影正端坐椅上，平静地审视着他的文武百官，江山社稷。

"养心殿"已经成为古物艺术馆，"颐和园"里轻风撩起碧波，倒映着的红塔与绿树就在这波光里浮潜。青砖灰瓦的明清街，一声冰糖葫芦的吆喝声愣是把老北京又拽回到面前。春夏秋冬四座凉亭连起的长廊，栋梁上的彩画竟比御花园里的景致还要光鲜。

十二生肖广场上，巧夺天工的生肖石雕及九龙壁前，你看我静静地站着好似秋风中的白杨，却不知我于方寸之间穿梭神游，如梦如幻，如在剧中。

开闽圣地北辰山

潭布,层层跌落而下,仿佛一条巨龙摆尾,依山势转曲成十二段;又仿佛是十二条小龙,同时从一级级水潭中探出了头来。水花,珠玑四溅,它们是巨龙挥舞的触须和利爪,飞散成一片空蒙山色。山岩,壁立而上,刀削斧劈,切割出一座山的英朗曲线。

就在山门入口处,卧龙广场上亦盘旋着四爪龙,龙爪所持"王"字牌,指意眼前卓然而立的"开闽王"王审知。王审知身侧,广利庙香火久远,宋太祖所赐御匾"八闽人祖"高悬庙内。回首当年,开闽王正值盛年,于此北山竹林拜剑,三拜三升,后又保境息民,成"开闽第一"。如今,其功德仍被世人所铭记,八方香客燃香顶礼,虔诚朝拜开闽王。

三个小时峰回路转,攀顶牛岭峰凌空下望,只见它青山白云走飞瀑,竹坝水库如一面明镜,映照着葱葱翠野,映照着闽王菩提心。

陈秉坤 摄

1153年，24岁的朱熹赴任同安县主簿，居于县衙西北隅的"高士轩"，这是他仕途开始的地方。

今天，在"高士轩"的基址上，燕尾脊、红砖红瓦、胭脂窗让时空逆转，建立起极具闽南风韵的朱子学院。院内一棵古榕擎天，"半亩方塘"弄影，举步上五级台阶，走过朱熹在此就任的五载光阴，一抬头，便与朱熹铜像相遇。往里走，便是满室书香墨色的朱子书院讲堂了。

朱熹一生为官9年，其中有一半时间在这里度过。期间，他勤政爱民，兴学育才，足迹遍布同安山水，思想也经历了"逃禅归儒"的转变，最终成为理学的集大成者、"闽学"的创始人。而同安，也由此成为"闽学开宗之地"。

先生曾于此作《高士轩记》言志："此轩虽陋，高士亦或有时而来也。"而今书院清幽，待高士时来！

旧县衙朱子书院

城区慢行道

"慢下来",一条道路对我说。

我们居住的大多数城市都在与时间追赶,机动车像蚂蚁塞满了道路,地铁、轻轨、快速公交,把速度一提再提,我们越来越行色匆匆,却越来越多地堵在了路上。

而同安,却沿其"母亲河"东西溪建立起一条6.5公里的慢行道,将老城区的历史古迹在缓慢的脚步里细细回放。

沿溪行,踏着彩色的碎石路向前,从桥下过,从公园里过,从一棵老榕树飞舞的根须下过,去看铜鱼池里潮涨潮落,去抚摸金车石刻的凿痕,去沐孔庙里千年的文化气息,去寻古城墙下残存的记忆,去访遍古牌坊、龙门楼、龙虎宫……一路走来,有多少回驻足,便会有多少个故事。

"慢一点,再慢一点,往溪边走,往历史里走……"一条道路对我说。

五峰山水

五峰山水 顶上人家

顶上人家

溪水随着山路蜿蜒，水净沙明，秋高气爽。

五峰村。嘉庆年间的贞寿牌坊在光阴的洗礼下，"节孝"二字依旧清晰可辨。三百年风雨后的德安古堡，爬山虎和苔藓仿佛给土楼刷上了一层崭新的漆，抚上那满眼的鹅卵石，沧桑的触感粗糙而真实。在荷花池捞得一捧莲蓬，村里的小路上拾得几个跌落的芭乐，山下的闽南古厝飘来阵阵酒香。想去做几个陶艺花瓶，却在青瓦石砖间微醺，不在意是否还辨得清方向。

顶村村。向阳的山坡上，推推搡搡地站着一棵棵梨树，如果我在春天到来，定会有漫山的花开。几只小羊在啃路边的细草，留下了草丛中紫色的碎花不去沾惹。村民们在自家门前晒着牛粪，如此精心施肥，也难怪这里的茭白被戴上"美人腿"的荣冠。驴友们依着山水骑行，顶上人家，乡居在畔。

篝火噼啪，歌声做伴，吃完几瓣烤得焦脆的红薯，掬一把甘冽的溪水，清甜入心……

温暖的晨曦，伴我在朝露打湿的木屋前凝望，如果每一截竹节装的是时光，那么这眼前漫山的竹林，又积攒了多少青葱年华。

竹尖上执剑起舞，是电影里才有的桥段，在丽田园，高空索道一样能让你像大侠般跨小漓江滑翔。荷花、葵花、油菜花、竹筏、龙舟、脚踏船，水坝溅起的银花蹦着透明的河虾，绕篱踱步的马儿轻甩尾巴，农耕园里泥泞的双脚尾随水牛步履稳健，攀岩壁上闪转腾挪的身影格外敏捷。

灶台里的柴火正旺，滚烫的石堆里透着薯香，呼朋唤友来一场自助烧烤，或是吃一顿地道的土鸡土鸭，品尝农家菜的老味道。

丽田园四季各异，春季踏青、夏季观光、秋季采摘、冬季游乐，无论你在哪一天到来，总有一处，让你遇见江南。

梦里江南丽田园

天岩山素食

木耳菜、小白菜、芥蓝、芥菜、上海青……满满一桌有机果蔬，清新如窗外的天岩山。轻夹起一片叶子，下锅，入口，然后筷子开始停不下来，这是久违了的自家菜园子的味道，是蔬菜原有的味道！

从莲花山脚出发，走过157个弯道，到达海拔 900多米的天岩山高处。这里空气清新，方圆几十里是连绵的山丘，高山的阳光雨露滋养着500多亩有机果蔬基地，那是"林晓晴的菜"。这菜用天岩山清泉水灌溉，晨沾露，秋上霜，不使用化肥和化学农药，施有机肥，人工拔草，用农耕时代的精勤种植，让蔬菜瓜果回归健康原味。

2004年，林晓晴夫妇开始在天岩山开荒种菜。 12年过去了，他们与青山相守、与自然相契、与土地磨合，种下这半山蔬菜，让天岩山岩葱、田七、枸杞叶等走进了千万个家庭……这是林晓晴在天岩山的故事。

南风轩漆线雕

一根金线，缠绕交织，呈现出各种庄严富丽的美，无论是多么年代久远的技艺，今日依然绚丽多彩。

"南"，中国之南，闽之南，溯漆线工艺之源。
"风"，滨海之风，意在沐风畅想，再塑新气。

南风轩的主人十年前与这一非物质文化遗产结缘，作为一个土生土长的闽南人，对乡土文化有着特别的情感。于是集合一群手艺精湛的艺人，还有喜爱传统工艺的青年艺术家，创意创作，让漆线雕这一古老工艺焕发新意。

我安静地欣赏这些美轮美奂的艺术品，甚至可以感觉到每一件留存在作品里的温度与情感，使得每一件漆线雕都独一无二，我想：这大概就是老技艺的魅力吧。

珠光青瓷

有一些碎片，深埋百世但不会腐朽；有一种匠心，穿越千秋却不曾湮灭。

瓷器之美，或巧或拙，且琢且磨，在漫漫历史长河里，与人类文明的发展密不可分，雕刻了无数时间与生命的印记。就如同曾在同安汀溪窑的土地里不言不语守候了上千年的珠光青瓷，只为重见天日的一刻，向世人昭示一段关于自己的辉煌历史，那是曾经从泉州港出发，走过海上丝绸之路的云和月，是将我国宋代陶瓷文化推向世界的功与名。

在同安千境窑，我沉迷于珠光青瓷之美……眼前案几上，枇杷黄的青瓷茶盏珠光幽柔，素朴有力，只见茶香氤氲、汤色如珀，分不清是茶色还是釉色，映着杯底线条流畅的卷草纹，似凝了几生几世的光阴，只为来浸润当下这一刻。

或许，这便是日本"茶汤鼻祖"珠光大师对它情有独钟的缘由吧。

竹坝

那日阳光正好，惠风拂面，仿佛沾染着南洋特有的湿热……我来到竹坝，来到南洋归侨的农场。

东南亚，曾经是他们或他们的父辈拼搏未来的地方，而现在，是他们用以记录过去的文化符号。一路走来，看归侨史迹馆、赏南洋风车、访南洋牌坊、尝南洋美食、看斑斓的南洋服饰在南洋风情舞蹈中流转，仿佛置身异域，唯他们才是原住民。

除了东南亚风情，这里也是观光的好去处。行走其间，田园，连绵成片；果园，台湾杨桃饱含着清甜的蜜汁；溪渠，纵横交错，白石溪和汀溪引水渠穿场而过；水库，波光粼粼，成群的白鹭也惊讶于潋滟的湖光；草场，绿意绵远，那冲锋而下的快感，是儿时才有的放纵。

竹坝一日，如同巧遇了一位南洋少女，明媚又热烈……她笑意醉人，一如她手上那杯南洋古法酿造的竹坝米酒，香韵悠长，惹人回味。

乡村温泉之旅

金穗园温泉

厦门的冬天，不下雪，也极少落霜，却也有几日刺骨的寒。不妨用一池温泉宠一宠自己，由内而外。

如果既想感受温泉带给你的舒心，还想体验闽南休闲农庄的田园乐，或是干脆来一场惹火的泳池party，那么你该来金穗园温泉。这里有近3万平方米的场地，独具盛唐新风。"春寒赐浴华清池，温泉水滑洗凝脂"，昔日杨贵妃钟情"美人汤"，其中"水滑"二字正是金穗园温泉珍稀的硅酸泉质的细腻写照。

钟灵毓秀盛之乡

峰奇林秀，鸟语花香，停在树下的车子沾了几瓣碎紫，颇有踏山而来马蹄香的意境。傍山而踞的盛之乡，莺飞草长，水清如兰。

是谁点燃丹黄焰，引得碧水复流温。五十几种不同风情的温泉汤池，徐徐挑选也逃不过眼花缭乱，矿物的精华在池水温热里滋润全身，花草的清香在雾气蒸腾中熏洗心灵，长长的睫毛轻颤，宁静致远，惬意悠然。

干蒸房里舒爽吐纳，抹上钟爱的那款精油愉悦地SPA，尝一块地道的意大利比萨，漫天星斗下结友听牌，如水月光里酣睡尤佳。

在盛之乡，我把自己泡在温泉里，就像躲进一朵昼开夜合的合欢花里，在夜色中收敛起花瓣，独自细品馨香，等到阳光灿烂，再美丽给全世界看。

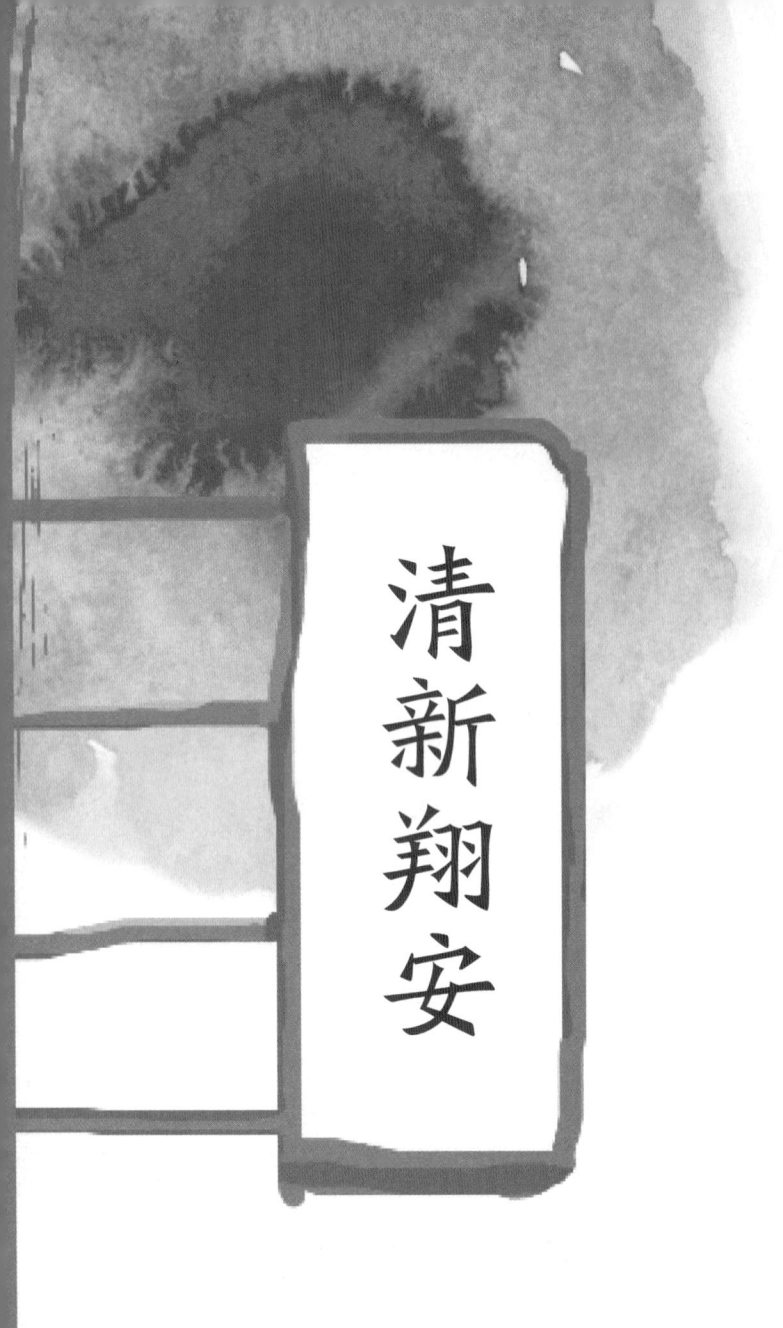

清新翔安

在大嶝岛白哈礁上举目东望，仅1800米之遥，便可与对岸的金门同胞挥手问好。

这片大陆离金门最近的海域，残存着最鲜活的厦金记忆。像是一部特别的家族往事，同出一脉。曾经对峙，却于外敌入侵时彼此共患难；曾经炮火纷飞，却终究抵不过唇齿相依，把硝烟换作了橄榄枝……其中的悲欢离合，让金门县政府旧址、英雄三岛战地观光园和大嶝小镇为你从古说到今。

1700多年的历史积淀，从这片瀚海碧浪中，淘洗出一个被称为"海滨邹鲁"的闽韵之城。于是，逛庙会、竖灯篙、拜池王，民俗千年生息；宋江阵、拍胸舞、唱南音、看古戏，文化代代传承。

在这里，75公里的海岸线串联起5个岛礁，孕育出优越的滨海生态和秀丽的山地风光。你可在小嶝休闲渔村的亲水别墅里住下，做一天讨海人；也可在香山的千年古刹里顶礼；在大帽山700亩三角梅花海里迷失；在山间的岩谷咖啡农场感受漫山遍野的咖啡香……

厦一站，翔安

金门县政府

蜿蜒的马鞍墙，随屋顶的高低起伏游走，勾勒出每一栋建筑与天空的边界……12栋闽南古厝藏身在大嶝岛田墘村，它们历经炮火，眼见了历史，又成了历史。

这是抗战时内迁的金门县政府旧址，是两岸同胞共同抗日的重要史迹，亦是国家文物局第三次全国文物普查的重要新发现。据《马巷厅志》记载：清乾隆三十九年设马巷厅，大嶝、小嶝、金门属之。民国四年始置金门县……两岸同根源、共血脉，由此清晰可见。

静立在古厝前，不敢叩响那斑驳的门环，怕惊起了老宅里战火纷飞、草木皆兵的记忆。我庆幸，这写满"厦金渊源"的古建筑得以保存，记取了厦金海域近一个世纪的人世沉浮。

乡愁文化的诉说方式

宋江阵

砖厝翘脊飞檐，窗梭镌花刻鸟，古朴的莲塘村在碧水青山中兀立。

村中宋江阵民俗文化广场上，锣鼓齐鸣，刀盾棒棍，龙虎蠹大旗卷地而起，腾龙与雄狮齐齐列阵舞动，锦衣战袍的好汉威武矫健；莲花阵、八卦阵，疾如风，徐如林，一时侵掠如火，一时坚守如山；十八般兵器，三十六天罡，七十二地煞，一百单八将，文阵扮相，武阵对练……非物质文化遗产宋江阵，数百年的传承如今大放异彩。

观景台上俯瞰，关胜舞大刀收场，划破天际的青龙偃月刀潇洒豪放；"九州协力如磐固，心若同时谊亦深"，苍劲之力刺穿斗拱金匾，四海飞扬。

灯篙王船民俗文化节

农历四月，槐花满枝，后村人迎来"贡王"盛典，竖灯篙，送王船，循古礼祭拜抗金英雄"岳王爷"。

竖灯篙是为"请王"。选定的头篙升起后一呼百应，星罗棋布竖起的灯篙系上五彩三角旗，斑斓如大海里的游鱼，绣成岳字的灯泡间点缀的灯笼玲珑小巧，火树银花，与月同辉。灯篙下，御前清曲南音伴奏，高唱将士凯旋之歌，更有拍胸舞、歌仔戏、布袋戏引得四乡八里观望……

"送王"则有另一番热烈。王船上樯桅篙橹、军营仪仗，装着家家户户进献的麦麸柴米，更载着村民对国泰民安的祈盼，在人潮中乘风破浪，在大海边浴火飞升。

那一刻，随着这熊熊火光映照在人们心中的，是"一身正气、忠孝仁义"的岳王风范。

池王爷文化节

在马巷老街深处，池王爷的祖宫"元威殿"屋脊高翘，外墙精雕细刻着人物、花草和游龙。进殿门，匾额楹联密布，黑脸、圆睛、长须、着蟒袍的佛像坐镇殿中，这便是池王爷了。

传说池王爷居官清正，宽厚仁慈。说他在万历年间，奉旨调任福建漳州府台途中，为救民众舍身吞瘟药，被玉帝敕封为神，后因其功德和神威被闽台民众普遍信仰。

每年六月十八池王爷神诞之日，元威殿前香客排满长街，两岸善信进香谒祖声势浩荡。请王爷、请玉帝、跳神、祭拜、祈福；南音、歌仔戏、布袋戏、舞龙戏狮……从烛光参差，到艳阳高照，再到夜色四合，熙攘的人群，不灭的香火，是人们对池王爷最虔诚的信仰。

汉子，跳起了"拍胸舞"。他们赤裸着上身，抚胸拍掌，扭腰摆臀，笑容里晃动着正午最烈的阳光，整个舞台仿佛翻滚出了秋天的麦浪……这是老祖宗传下的乡间舞蹈，金柄村的庄稼汉们把它跳到了全国舞台，成了省级非物质文化遗产……

嫂子，组起了合唱团。"山上阮厝后，年年花开红枝枝，山顶挽茶枝，山脚种果子……"一首悦耳的闽南歌在第六届世界合唱比赛摘得银奖。其演唱者，正是新圩质朴的乡村女子们。

孩子，吹起了竖笛。头戴鸡冠彩带，身穿华装，古宅小学的孩子们凭着一曲闽味十足的《草蜢弄鸡公》在央视舞台走红，现又把闽南说唱表演——答嘴鼓演绎得淋漓尽致。

新圩，这座千年古镇让本土民俗文化拥有了鲜活的生命。其动人之处在于：每个人，都是传承者。

新圩三子文化节

云亭渺渺，石水潺潺，"层峦游不尽，拍手上香山"。两进重檐歇山的南宋古刹，便在这香山的曲径通幽处。恰逢每年正月初六清水祖师诞辰，一年一度的香山庙会，更使得这里彩旗招展，人声鼎沸。

宋江阵、拍胸舞、布袋戏、车鼓弄，独特的民俗文化亦是底蕴传承。五湖四海的善男信女会聚一堂，进香拜谒，寻根探源。香山岩寺前的八卦金炉将红香金纸化作烟蒙香漫，慈济善利的黑面祖师又将赐福康安。

购物游览、美食相伴，精神物质之交融，祥和升平之景象。香山庙会已不仅仅是祭奠清水祖师的盛会，更因神缘信使成为联系两岸血脉的桥梁。

香山庙会

山间吸氧的打开方式

荣杰园台湾水果观光园、农夫城市菜地

远远山寡淡,地势起伏,云从山垭里飘来。荣杰园的门廊前,我注视着一队高飞的雁,鼻头却涌入恬淡的香。

一垄垄青绿、一丛丛卉粉,沿着水肥一体化的灌溉设备,整齐地布列园间。套袋的水果若隐若现,难耐果香撩拨,竟也有口舌生津般的香甜。观景凉亭驻足,泡茶竹廊休憩,当各色台湾水果终于入口,愉悦的心情泛滥成灾。

荣杰园台湾水果观光园

农夫公社城市菜地间,蜜蜂轻盈地来回飞舞,肥硕的绿叶透着熠熠油光,勾得人食欲大开。铁锅大灶下噼啪的火舌舔着锅底,蒸笼里的糕点袭来阵阵馥郁。从古色古香的生态餐厅里四顾,青蔬艳果铺满山岗,承包一片菜地的念头由此疯长。

这让我回忆起小时候陪奶奶窝在花生田里,不谙世事地闹,心无城府地笑。

农夫城市菜地

岩谷咖啡农场

一座巨大的玻璃房在南方初晨的云雾里，如空中花园隐匿在群黛之中。这里远离喧嚣，前院、后院、满山遍野种着500亩翠绿的咖啡树，白色玲珑成串的小花开在半人高的树上，绿色、红色的咖啡果点缀相间，咖啡香弥漫在山谷中，鸟语斯斯，犹如童话卷首，引人遐思。

这里是岩谷咖啡农场，一个拥有10万多株咖啡树的咖啡种植园，也是一个可亲自烘焙专属咖啡豆、制作咖啡冰激凌的咖啡体验馆。

咖啡馆内，阳光透过玻璃屋顶，干净利落地洒在原木桌上。冒着热气的香草拿铁旁，一支口红来回滚动在镏金杂志上，若不是窗外的绿意盎然，还恍惚是在法国巴黎的街角。点滴时尚在自然天地里参差生长，仅这一点儿趣味，就是都市里没法比的。

英雄三岛战地观光园

谁能想到这里曾经每平方米落下过1.5颗炸弹？当年的弹痕，并没有被历史掩埋，走进园区，泛黄的战地记忆被重塑，尘封的故事娓娓道来……

坦克炮台、飞机舰艇，肃穆而略显斑驳，岁月的痕迹难掩曾经立下的赫赫功勋。望金楼里，高倍望眼镜下的金门触手可及；世界之最的军用喇叭前，昔日的对阵之声已变作叙旧的对话；地下坑道里，当年留下的弹坑诉说着战场惊心，空飘海飘的宣传物资，仿佛仍然上演着一场看不见硝烟的交锋。

厦金海峡的炮声，曾响彻30年。如今，在和平的阳光下，感知到曾经战争的阴影，仍是触目惊心。唯有祈愿：一衣带水，祖国统一。

小嶝休闲渔村

太阳还未跃出水面,薄薄海雾笼着沙滩的惺忪睡眼,模糊难辨地守候着远方那一条条起伏白线。潮水轻拍,温柔地把渔村叫醒。

礁石群间还有渔船随海浪律动,更多趁着夜色出海的渔船已经归来。鲜活肥硕的银鱼圆滚的肚皮和此时的天空一样的白。

当阳光洒满沙滩,蓝天白云下的渔村再也掩不住迷人的锋芒,海岸浴场欢声笑语似银铃叮当,死海漂浮新颖奇趣享惬意时光,捡拾贝壳的孩童被挥舞着钳子的螃蟹逗得手舞足蹈,提竿海钓的年轻人对上下打着转的浮漂盯得聚精会神。

环形海堤上的木屋别墅颇有威尼斯的韵味,海风吹拂中更有闽南娇俏的模样,在阳台上轻晃杯中的红酒,就着地道甜美的海鲜大餐,别有一番浪漫。

小嶝休闲渔村

海鸥在斜晖里滑行，平静的海豚湾衬着红霞灿灿，渔船载着希望继续驶向夕阳。就在这木屋中，面朝大海；就在这渔村里，看春暖花开……

小嶝休闲渔村

香山风景区

晨风潜入吕塘村古松林，细数着每一棵树的年轮。建于明清的闽南红砖古厝群悠然醒来，一砖一瓦彼此深情凝望；千年古刹香山岩寺已是木鱼声声，黑面的清水祖师端坐在香烟缭绕中……走进香山风景区，仿佛闯入了一出古老的吕塘戏，一句抑扬的古音，逆转了时间的齿轮。

幽幽香山遍布秀水奇石，5公里慢行步道揖草而香。依山而建的香山岩寺古朴恢宏，是"两落猛虎下山势"的重檐建筑。古寺香火鼎盛，香山庙会传承了数百年。岩寺东侧，"徽国文公祠"肃然静立，诉说着朱子与香山的不解之缘。

香山风景区

香山风景区

寺后访仙泉，经仙人洞到香山之巅，50亩花海嫣然，鼠尾草、波斯菊和硫华菊如一条条彩带，舞动着眼下的万亩田园……

大帽山生态休闲旅游区

11月，大帽山正值花期，700多亩三角梅园，近十万株三角梅开遍山丘。行走在花间小道，心情随山花摇曳……

厦门"市花"三角梅，美丽了一座城，又在这里开成了海。红色、粉色、紫色、白色，像燃烧的火，像飞舞的碟，像漂流的云……这是它们的专属领地，不再为装点某个门庭，或某条道路，只为了在同类中绽放独属于自己的美，一呼百应，自由开放。

不远处，大帽山农场仿佛贵族的庄园，一派沃野田畴。在农场北面，群峰叠嶂，古木参天，有勾翘的檐角藏于万绿丛中，唐代古刹甘露寺、哪吒三太子宫，在一窗、一柱、一雕刻里，中古气息爬上了石墙。

大帽山生态休闲旅游区

大帽山生态休闲旅游区

闽南特色的购物方式

大嶝小镇台湾免税公园

一方一圆，取自福建土楼造型，展现"方圆和合，两岸对话"的设计理念。大嶝小镇的建筑规划师——台湾101的设计者李祖原，很好地诠释了小镇"对台交流贸易"的使命。

2011年，大嶝小镇台湾免税公园，作为全国首个对台商品免税主题公园，正式开门迎宾。台湾休闲食品、饮品、烟酒茶、工艺品、珠宝首饰、原住民创意产品……千万种原产正宗台货亮相，实现"免税价就是台湾价"；更有大肠包小肠、花生卷冰激淋、车轮饼等地道台湾小吃香飘十里，引来游客垂涎。

如果你独喜欢文创产品，你也一定能在台湾文创市集了淘到乐趣，一个随手拿起的小物件，都能感受到台湾手作人的天马行空。如果你家有宝贝，一定要带她来一场宝岛历险，看她在百万个海洋球组成的欢乐海洋里撒欢；让她坐上幸福号列车开往春天；陪她在亲子DIY活动中成长与收获。

不出厦门，买遍台湾、吃遍台湾；观两岸民俗，赏特色建筑……于此流连，最欣喜的莫过于：昔日海上的"三八线"，终成了两岸三通的"桥头堡"。

东铸玄雕

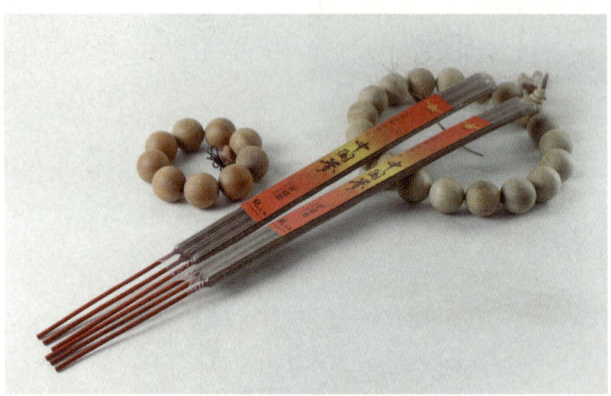

贡香

东铸玄雕和贡香

当韬养了百万年的陶土在一双慧手的捏制下有了方圆，当珍贵的紫砂邂逅了玄妙的雕刻，当极富现代感的陶艺审美与迷人的东方古韵交融，这注定，会烧制出不凡。

拉、缠、堆、雕、绕、镂、刻……数十道工序之后，光影流转，线条缠绵，精刻巧雕遍布一壶、一杯、一盏，细细品玩，方寸之中深藏大乾坤。一身清雅的陈东铸，用这玄雕壶沏茶与我。一席茶话，惊叹于他从陶商到陶艺大师的"玄雕之路"，只道是：敢问茶客心几许，细品香茗捧摩挲。

从茶香中抽身，还有贡香供我寻访。香，不仅是求神礼拜的物实，熏物遮秽的简材，化疾疗病的灵药，更是调动灵性、怡情养生、涤沐性情的秘语。而翔安，作为我国四大制香基地之一，区内遍布着近百家制香企业，占领了世界三分之二的贡香市场。所以，来到这里，少不了要赴一场"香约"……

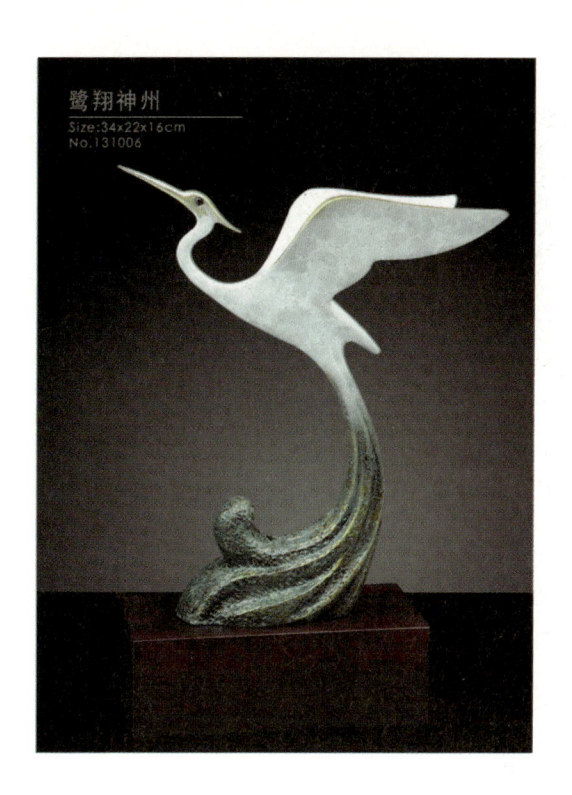

鹭翔神州
Size:34x22x16cm
No.131006

斑斓彩

斑斓彩铜艺，由翔安本土雕刻师张煌平和王淑琴夫妇独创，经过多年不懈地努力尝试，以水性和油性颜料相互调和的溶液与青铜表面发生化学反应，创造出一种全新的铜器之美。

一见斑斓彩，便被它深深吸引。瓢虫、青蛙……传神小物于灵动中饱含自然趣致；茶盘、香炉……生活雅器因简约而更显浑然天成，而器身的点睛之笔"斑斓彩"，如阳光穿越层层树叶投下的斑斓光影，绚烂多变、耐人寻味。

美之真谛，见仁见智。有人追求高调的浮华，就有人坚守隽永的宁静，正如张煌平夫妇对美的理解——"朴实无华，以器载道。美，不在世外桃源，就在与我们息息相关的生活空间。"

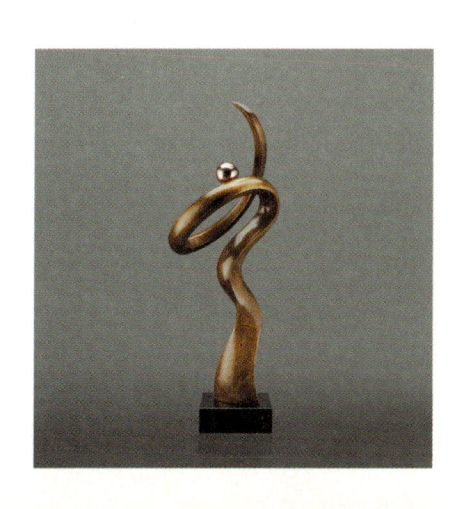

文兴瓷

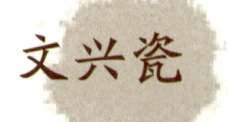

明代宣德年间有一种古瓷珍品，在漫长的年月里渐渐失传，它有一个美丽的名字，叫作"雪花兰"。

而藏身于厦门翔安的"文兴瓷第一人"洪伟国，凭着传承民族工艺的情怀与梦想，经多年研究，借由文兴瓷的开发问世，让"雪花兰"的深邃、凝重之美，得以浴火重生。

器物无言，却最显匠心。在文兴瓷的创作现场，我深谙这传世之美得来不易。在白瓷毛坯上，施以绘画、上色等多道繁杂而精细的手工艺，再经过高温烧制和百里挑一，才成就了文兴瓷的独特风韵，也赋予了它极高的艺术欣赏价值和收藏价值。

而从文兴瓷上大放异彩的花鸟鱼虫、风土人物里，我看到并深信，经久不衰的美，从来都是源于生活。

融化舌尖的生活方式

被诱惑到海边度假的,很多时候是源于海鲜的美味。到了小嶝休闲渔村,人们最馋的是一道古朴的海味——石斑鱼。

清蒸石斑鱼,是当地逢年过节饭桌上的必备,鱼头朝上,鱼身平铺,蒸煮后,撒上葱花,淋上热油酱料,就像一只在海面上的渔船,寓意着年年有余。

若有远道而来的客人,石斑鱼火锅就成了最好的待客之礼。石斑鱼被片成薄片儿,摆在大盘里,白透如玉,莹莹的胶质早已叫人垂涎三尺。夹一片涮入滚烫的火锅,几秒即熟,蘸上姜丝酱油,送入口中,鲜滑至嫩,口齿生津。

小嶝休闲渔村石斑鱼

石斑鱼从鱼头到鱼尾,从鱼皮到鱼骨,每个部位都独具口感,营养价值更是堪称上品。丰富的胶质,使它深得女性的喜爱,被称为"美容护肤之鱼"。论其稀贵,你尝完自知。

澳头海鲜

晨曦斜斜打在燕尾古厝的斑驳上，与金门隔海相望的海港侨村澳头，曾记取了多少风雨飘摇的过往。如今，小小的渔村因盛产海鲜开出了几十家海鲜饭店，张罗出另一种繁忙。

大厝宅，庭院里三角梅怒放，藤蔓攀着木廊生长。阁楼古色古香，倌夫菜的香味弥漫，闻着鲜味而来在红砖墙与绿盆景间游荡的花猫，是馋上了那带着红膏的红蟳，还是那清水炖煮的跳跳鱼豆腐汤？

六合居，栖在许愿树下的古宅，随着弯曲的木栈道前往，随处可见的老物件显得古韵十足，里屋燃着一炷香，白烟轻漾弥漫神龛，祈愿风浪不扰，渔人平安。于此，鲜活的海味蘸上酱油水，香嫩爽滑，清甜可口，连连感叹不虚此行。

凌晨三四点，新圩鹅肉店的厨师们已经早早在大锅土灶前忙碌了。

野外散养了三四年的狮头鹅，佐以姜丝和少许调料，被置入用沙石包裹的砂锅中，经柴火慢炖均匀受热。如此古法煨制3~4小时，随着点点滴滴的鹅油慢慢渗出，丝丝香气溢满全屋，食材的口感被一层层地激发。

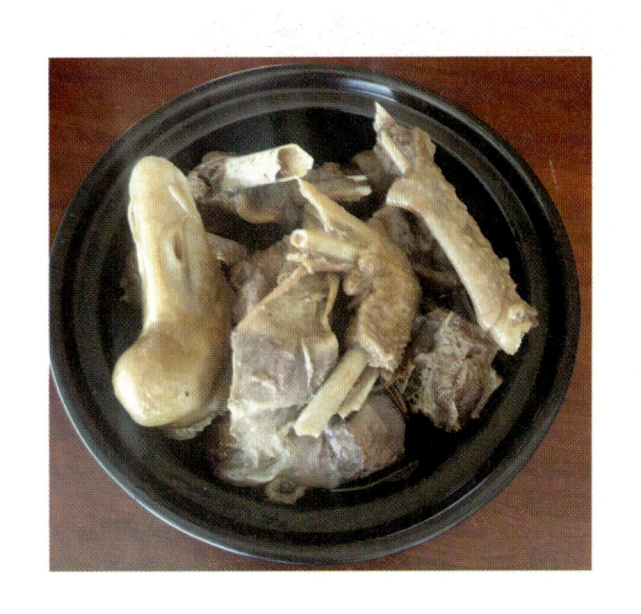

新圩鹅肉

揭开锅来，迫不及待地偷食一块，鲜嫩酥软，味浓肉美，又清香不腻，至今仍久久回味。最喜那肥大的鹅掌，在秘制酱汁的卤制下，脆爽Q弹有滋味，满口的胶原蛋白……

兴起时，还可约三五好友，来一个"全鹅宴"——鹅肉、鹅蛋、鹅掌、鹅肝、鹅腱，再配以同样久负盛名的手工东寮豆干，满满一桌古早味，正可谓"食全食美"！

紫菜

紫菜和厦门姜母鸭

早就听闻翔安的紫菜特别好吃。原来，处于厦金海域的翔安大嶝岛，一直是海防前沿，罕有船只过往，加上水流湍急，造就了这片东南沿海最纯净的海域，也滋养了与之相依共存的物产。

从渔民阿伯热情的介绍里，我了解到紫菜按采剪的批次分为头水、二水、三水，头水紫菜滑嫩柔韧、二水紫菜清香甜脆，特别是与海蛎和干贝同烹，鲜滑Q弹，嚼劲十足，食之满口余香。

悠游翔安海岸，我感受到久违的自然、朴实、宁静……正是这些珍贵的特质，带给了我们最纯粹的"海的味道"。

紫菜

厦门姜母鸭

厦门有道美食叫"姜母鸭",其中以翔安的姜母鸭尤具特色,姜母鸭原本是一道宫廷御膳,具有养胃健脾、祛寒化痰等功效,所以深受讲究滋补的闽南人喜爱。

围坐在红砖老厝里,揭开热气腾腾的大砂钵,香气扑鼻的姜母鸭十分诱人。随着鲜美酥香的鸭肉入口,大家讲起了关于姜母鸭的温暖往事,童年母亲灶台上令人垂涎的麻油香,冬至归家驱散一身寒气的老姜味……有种味道叫作"幸福",是任何一个地域饮食文化里不可或缺的记忆。

大嶝煎鲟和蚵仔面线

宝地翔安，有许多海鲜令食客老饕们趋之若鹜，而大嶝煎鲟，就是最不容错过的美味之一。

"英雄三岛"之一的大嶝岛，纯净无染的海水养育了肉满膏肥、营养价值极高的红鲟。秋风起时，慕名前往品尝。选几只肉质鲜美的膏鲟，无须佐以太多配料，一点盐、酒与调和了姜末的蛋黄，再加上热油与恰到好处的火候，便成就了令人食指大动的煎鲟。

此时，饮一杯和着姜丝煮得温热的黄酒，惬意与满足从唇齿间蔓延开来，人生美事，不过如此。

大嶝煎鲟

蚵仔（海蛎）面线，闽南小吃中极有特色的一种，而翔安的海蛎肉质饱满、鲜美多汁，做出的蚵仔面线，更是一绝。

在翔安，随意找个路边小店坐下，点上一份蚵仔面线，便可痛快享用这道传承多年的民间小吃。粒大味美的海蛎与清香顺滑的面线结合，鲜甜而不腥腻，食之口舌生津，令人不舍弃箸。

除了味道鲜美之外，海蛎还有潜阳滋阴，益气安神之效，面对这美味又养生的蚵仔面线，我不禁笑言："日啖海蛎三百颗，不辞常做翔安人。"

蚵仔面线

熏鹅拼盘

新圩熏鹅拼盘是森林美农家饭店针对农村宴席研制出的新做法,里面有熏鹅肉、熏鱿鱼、开胃萝卜等,再配以秘制酱汁,吃过之后熏味回香。森林美的熏鹅拼盘深受农村宴席及广大消费者的喜爱,年销量达3万多份。

闽南炸醋肉

闽南炸醋肉选用黑猪的梅肉部分为制作原料。虽用"闽南"的方法进行油炸,但还"中西合璧"地用了意大利卡利堤苹果醋、糖腌制了30分钟,让肉质浸入苹果醋的酸甜。最后拍地瓜粉炸,起锅后的口感香脆不油腻,唇齿留香。

原味土猪肉茸汤

原味土猪肉茸汤采用的是将当天宰杀的黑猪腱子肉来做肉茸。金门湾的厨师们先将黑猪腱子肉剁碎,加入矿泉水、枸杞子放入锅中炖熟。为保证肉茸汤的鲜香,汤里除了添加少许盐巴调味,不再添加其他调味料,让朋友们可以品尝到原汁原味的土猪肉茸汤。

国贸金门湾大酒店

海边的酒店，总是有一种特别的魔力。从我入住的那一刻起，春语秋怨，商风唐雨，一切的烟火市井，便与我无关。

捡拾床上的玫瑰花瓣，逗弄浴巾搭成的小象，此刻我仅是一个闲情的旅人，在充斥着滨海风光的房间里享受假日。窗外，椰风树影沙白水清，蔚蓝泳池浮光斑斓，那是酒店的后花园。东边走一走战地观光园，西边尝一尝大嶝美食街，再往大嶝小镇淘一淘新奇物件，松软阳光下，我悠然闲逛。

西餐厅的小羊排色味俱佳，邻桌上散落的百合袭我以阵阵郁香。阳台上凭栏，海风拂发、拂颈、拂过我的脸；温暖的床头灯下捧书，咖啡做伴，清浅安然。恰如远处的涛声，在时光里氤氲成香。

168

兴恒大酒店

穿越中国大陆第一条海底隧道，从厦门本岛前往翔安区开启体验之旅，我把此行临时的"家"安置在了坐落于巷北工业区的兴恒大酒店。

不久前新装修过的酒店在细节之处颇为讲究，蓬勃务实的生机和包容亲切的氛围结合得恰到好处，舒适的环境、热情的服务令我安心，一应俱全的餐饮娱乐、商务健身设施十分便利，而离酒店仅3公里之遥的方特梦幻王国游乐场，让酒店成为亲子游留宿的上佳选择。

品尝原汁原味的美食，遇见真挚淳朴的笑容，涉足秀美自然的风景，追溯源远流长的历史……品味翔安，从兴恒大酒店开始，在这里，我邂逅了不一样的厦门。

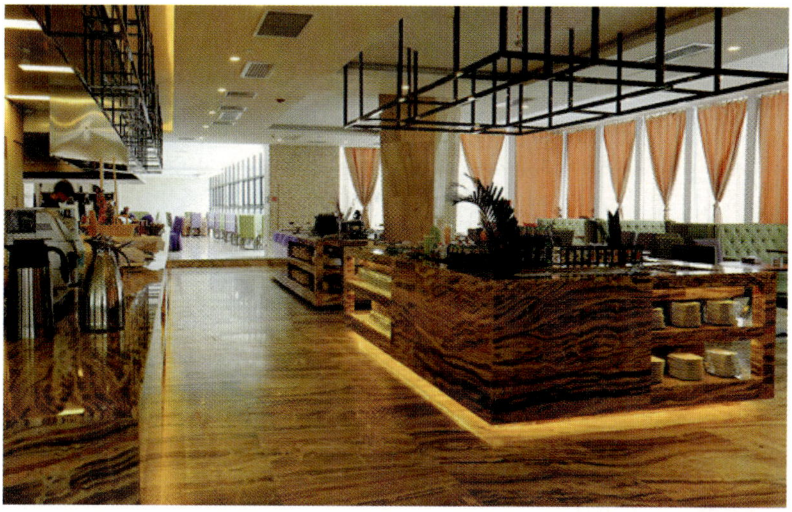

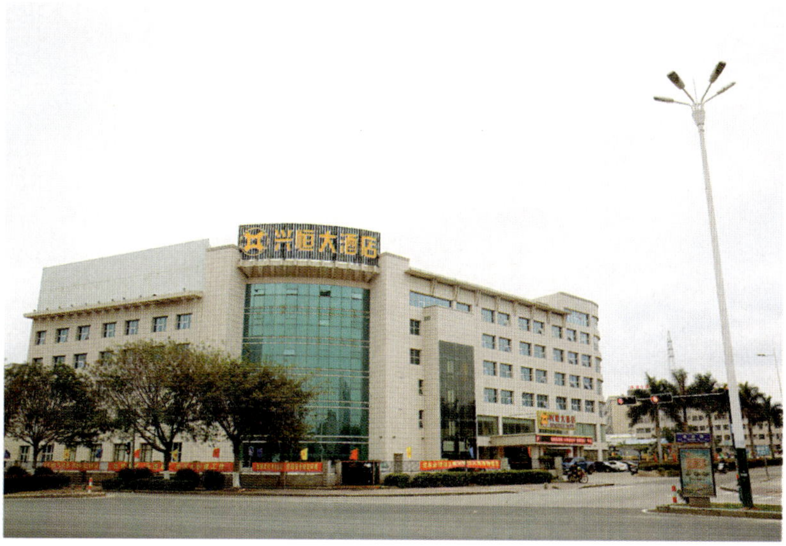
兴恒大酒店

花开鹭岛

厦一站……
在厦门的柔软时光!

台风之殇，暖心之城

厦门是一座会"下花"的城市，如果你试着把车停在厦门的街道上过夜，春天，你会收获一车木棉；夏天，一车凤凰花；秋天，一车三角梅；冬天，一车洋紫荆……

"莫兰蒂"到来的那一夜，中秋惊梦，全城无眠。65万株树倒下了，可能会有一段时间，我们将无法感受"别处在下雪，鹭岛在下花"的美好。但是，在风暴过后，一张图刷爆了朋友圈——在一根被连根拔起的凤凰木旁，身着橘红色公路养护服的工作人员们正在雨中忙碌，从高空远望仿佛满树火红的凤凰花开了又开……是的，树倒下了，但是一座城市的精神气质被唤醒了，在风雨中拔节生长，灼灼其华。

不等不靠，守望相助，全城出动自发参与重建，这是"嘉庚精神"中厚重的家国情怀；众志成城，鱼水情深，驻厦部队官兵挽起袖子参与战斗，这是"鼓浪屿好八连精神"的又一次生动演绎；夜以继日，争分夺秒，供电系统和水务人员昼夜抢修，创就厦门速度，这是移山填海的"海堤精神"……

翔安92580志愿者联盟支援战地观光园景区灾后重建

翔安92580志愿者联盟支援战地观光园景区灾后重建

台风，吹进了我们的世界，也吹散了人与世界的疏离。我们打开门来彼此问候，和邻人一起把家园重建。在断电缺水的日子里，超市，免费分享饮用水；酒店，提供免费的房间；餐馆，煮好了一碗碗热腾腾的爱心面线；市民，给环卫工人和战士们送去水和食物……没有涨价、没有恐慌、没有抱怨，秩序在风雨中快速重建。于此，我们看到了这个全国文明城市四连冠的文明积淀和双拥模范城九连冠的情感亮色。

灾害面前，我们的第一反应是无力的，但是，当面对灾难的，从一个人变成了一座城，厦门人骨子里"爱拼才会赢"的精神被集体激发。"三分天注定，七分靠打拼"，在几十万株树被扶起来的那一刻，在万家灯火再次点亮的那一刻，风雨再大，这座城市也是温暖的。台风之殇，暖心之城。我们会陪着你，等风停、等伤愈……

时尚厦门

海风掀起银浪,道道帆影驰骋在浪尖,这注定是一座弄潮的城市。

时尚秀场里流光飞舞、水袖飘飘;时尚生活展600平方米"AMOY BLUE厦门蓝"带你走进充斥着生活意趣的奇幻森林;时尚雅集扎堆,时尚大咖云集;最终,一笼轻纱拉开的城市时尚大秀,在一场爵士盛典中落下帷幕……时装、艺术、音乐、生活美学、城市空间,缤纷的时尚元素在厦门时装周相互交织,绽放在厦门的各大时尚地标,彰显着这座城市的艺术审美与时尚力量。

厦门国际时尚周举办了四年，但厦门的时尚基因由来已久。

计文波、曾凤飞、上官喆、蔡万涯、刘勇……时尚圈的领军人物扎根厦门；龙山文创园、海峡文创园、联发华美空间……构筑起厦门庞大的文创产业集群；闽南大戏院、嘉庚艺术中心等上演着国际一流的演出；世界合唱节、观音山沙滩文化节、白海豚音乐节等文化活动不胜枚举……

这座海边的城市，满载着红砖古厝里的年代记忆，亦充盈着新锐活力的艺术气息。她是中国"年度时尚城市"，是《纽约时报》报道中的东方"安特卫普"。行走在街头，一不小心，便会与时尚偶遇……

汝南别墅

在熏风中入梦，月满东墙；在曦微中醒来，枕上花香。一枝三角梅，闯入了我的窗，我问它鼓浪屿最美的是什么，它说，是"汝南墅"里不急不徐的时光……

1935，老别墅的诞生年份清晰地刻在欧式门楼上，顶端一只雄鹰凌空振翅，它早已看惯往来人事，沉浸在自己的飞翔之梦中。往里走，清水红砖的三层小楼古韵依旧，庭前小院和顶楼露台绿意盎然，阳光透过龙眼树的高枝打下来，点点光斑游离在老井、石桌、石凳间……花花草草中随意散落着几副桌椅，供咖啡、泡茶、捧书、听歌、闲聊……

82年前，菲律宾华侨周本能建下这极具欧美神韵，骨子里又透着老厦门风情的建筑，并以周姓郡望"汝南"命其名。其随后的主人周鹰国曾是美国驻厦门领事馆的代理人，出入多为名流政要。

如今的"汝南墅"已变身为旅馆迎来送往，每一次轻启门扉，都为你敞开一段温婉的鼓浪屿老别墅时光。

白色小店静静立在转角，招牌上一朵蓝色的莲花静静绽开，如你猜想的那样，它的故事跟一首歌有关。

店主HAPPY，故乡新疆。

"毕业后来厦门，上了十年班，有一些夜晚，顶着星光走在回家的路上，耳机里传来老许的《蓝莲花》，在那一瞬间，忽然觉得无限渴望另一种生活，于是就有了悸动和勇气。一路走来，最想感谢的人，名叫爱丽丝。任何时候，追求梦想都不是容易的事，不断的变化，造就了小店和我今天的样子，心里存放着那些曾经同行的人的笑容，还有一些特别平凡的场景，比如阳光从橱窗照进店里，粉尘在空气中飘浮，和小姑娘一起做手工或者整理，烦恼一时退去，最好的时光不过如此吧。"然后她说："没有绝对的好与坏，但是一定要心存希望。"

而我们知道，有许多的人，因为写在墙上的一句话记住了这间小店。

——此刻/我们途经梦想/且作停留。

LOTUS 莲（创意手工银饰）

以厦门深厚的文化为依托，从思明区法院公民司法体验基地到两岸金融中心，从百年菽庄花园改造工程到工业旅游名片——古龙酱文化园等，在这些富有创意的策划、充满张力的理念、专业而前卫的设计风格，用全新的方式打造出的文化项目里，我们见证了美能文化（厦门）有限公司的致力与追求。

《舌尖上的中国2》热映时向世人展示，总面积近5万平方米，传统酱缸近6万个，亚洲最大的传统酱油酿造晒场，大世界吉尼斯纪录的创造者⋯⋯这，就是古龙酱文化园。走上木栈道，戴着斗笠的酱缸拼成的巨大的"古龙"二字映入眼帘，微风掠过脸颊，就能感受到阵阵清新的酱香；历史长廊里，制酱工艺的精湛，见证了酱文化传承的欢笑与泪水；古龙酱街里，酱街上有人挑担贩卖，有人挽袖制酱，特色酱坊中有人吆喝揽客，瞬间融入了如火如荼的古代集市之中，仿佛置身集市里，惬意自得。古龙人对传承了1800多年古法制酱工艺的坚持，也正是这份对原始味道的追求，让我们得以再次品尝到那份传统酱香，是一种味道，更是一种情怀。

美能文化

古龙酱文化园

公民司法体验基地

公民司法体验基地

　　如果说法院建筑符号给你的印象是西方柱式主立面的布局对称、色调凝重沉稳，入口威严，那么，坐落于浪漫琴岛——鼓浪屿上面的全国首个"公民司法体验基地"将会给你带来生动有趣、寓教于乐的别样体验，展示人民法院司法的亲和力。基地入口的"屿法探源"彩绘形象墙已成为鼓浪屿一道亮丽的风景线，基地里，同时综合运用声、光、电等高科技方式为游客量身打造的生动酷炫体验项目，赋予了参观者全新的观感。这里有思明区法院首创的虚拟法槌装置——"大陆第一槌"；三维虚拟等技术独创审判场景，让游客如临案件现场；以"品法"为理念，设置了十大景观，如"擎天法柱"以图文并茂的形式展现中国古代流传下来的法律成语及法律故事，还有"百法全书""法的器物"等。《品法》法史纪录片，更是于2015年7月在人民大会堂举办的"中华司法研究会成立大会暨首届中华司法研究高峰论坛"中播出。

江记汕味食府

一碗纯软绵甜的原生态米饭，带我走在九月的田埂上，耳边是沉甸甸的谷穗在风中摩擦轻触的低吟；而盘中错落着的本色原香，让我的味蕾迷失在绿色的原野中……

江记汕味食府，自建生产基地，推出"稻鳅生"原生态系列产品，无论是香米花生黑豆，还是泥鳅田螺鱼虾，都从源头层层把关，只为了把安全、上等、零农残的食材端上餐桌。

食府素雅大方，厨房刺刺作响，新鲜采摘的食材排成了行，煎煮烹炸、炖炒蒸焖，便成了道道珍馐美味唇齿留香。不在调味里多纠缠，只在微妙的火候里认真，唯本色为美，本味为香。一点点激发和唤醒食材的原味，让最本真的味道回归，"土"法烹饪彰显了主人家的名厨匠心。

功夫不负有心人。极致的追求，换来极大的荣誉，亚太厨皇超级食神烹饪大赛"团体特金奖""最佳风味特色餐饮名店""十佳绿色品牌餐饮""十佳金牌菜"私厨美味获得业界认可，"食"至名归。

江记汕味食府系一家餐饮连锁公司，致力于闽菜、私房菜、特色养生火锅的开发和推广，总店位于厦门市思明区湖滨南路101号，新乐大厦一楼；分店位于厦门市思明区七星路51号。在健康与绿色成为食品安全主旋律的今天，江记汕味餐饮掀起"原料革命"，不断为菜肴加工做减法，杜绝食品添加剂，精选原料，以最"土"的方法烹饪成就私厨美食专家，倡导"健康膳食、文明餐饮"的理念，打造以"理性、责任、文明"为主题的餐饮消费新风尚。

柒樂民谣坊

do、re、mi、fa、so、la、si，七个音阶构成了柒樂民谣坊。

总有一个夜，生活纠结成一首愁容满面的诗，眼前的苟且，到不了的远方，撞到一起就如同打翻的染缸。

解不开的结先放一旁，走进位于黄厝塔头村的柒樂民谣坊，没有觥筹交错，没有灼眼灯光，来自各地的民谣在轻轻唱，来自各国的精酿啤酒在杯里晃，你甚至没有机会独自贪欢。

唱一曲民谣，诉一个故事，轻柔的旋律，牵起耳朵又带走心灵，刹那间远去。花中浅眠，雨中路过，烟花里静坐，洱海上漂泊，一趟无尘的旅行，总能解开生活的枷锁。

妙的是，遇见的人很多，遇见的事很多，你大可以，记住你想记住的，忘记该忘记的。听过这首歌，喝完这杯酒，扶起被生活打翻的缸，用作七彩的调色盘，给下一个黎明上色。

时光漫步

环岛路是厦门最华美的衣襟,安静的塔头还没有褪去渔村的憨直倔强。一栋栋簇拥着的民居,仿佛还像它们的主人一样,在海边伫立远望着对面的小金门。

渔村里的时光漫步音乐客栈,被两株繁茂的大榕树争相拥抱,而走进她的庭院,第一眼又被垂满果实的龙眼树所吸引。

小院里到处都是绿意葱茏的植蔓,白色遮阳伞下悠然地阅读品茗是日常的功课。你可以随时慵懒地斜靠在硕大的锦榻上,听听音乐、聊聊往事……

房间的设计简洁雅致,充满着法式乡村浪漫的情怀。推窗望远,山色入眼入画又入梦。时光漫步的镇宅之宝是一只呆萌可爱的阿富汗猎犬,长长的毛发和颀长的四肢是迷人的标志。

客栈的主人是个幽默风趣的老哥,半生游走在世界各地的他,是个有故事、有情怀的人。书酒茶和厨艺都是他的最爱,当客栈的小餐厅里飘来阵阵香浓的气息时,你的人生漫谈之旅就在夜色中温婉地展开了……

集食渔乐

看到"曾厝垵"的牌坊，从它的右侧拾阶而上就是集食渔乐——一个集合主题渔场、文创集肆、在地美食、创意餐饮、文艺表演为一体的跨界美学集合商业空间。

走进一楼，阿拉斯加的帝王蟹正横行霸道，花龙悠然地捋着自己丈二的龙须……曾厝垵渔场精选各地生猛海鲜，引入日式立吞吃法，追味曾厝垵传统渔市风味。

二楼更有萌力星球，将虚拟的萌系卡通形象从二次元融入到现实，化作更有温度和活力的艺术产品，让"萌"与人们零距离接触。

四楼花锅是集食渔乐浪漫的所在，面朝大海鲜花拥簇，在这样一个浪漫的用餐环境下，两个人相对而坐，吃着花锅也吃着甜蜜。

189 康家龙头海蛎煎

鼓浪屿上，长短浓淡的线条勾勒间，横竖皆景。记忆里的那条龙头路，地地道道的小吃一条街，总在心头绕不开。

鱼丸、肉松、张三疯、麻糍、仙草、土笋冻，旅人的胃囊在猝不及防的入侵中，心满意足地溃败，而189号店的康家龙头海蛎煎，更是轻易地俘虏了味蕾。

金黄的蛋液浇淋肥嫩的海蛎，在铁板上刺刺作响，葱花与香菜缀洒，那股鲜味激得摊前排队的长龙频频耸动鼻子，熙攘难耐。外焦里嫩的海蛎裹着薄薄的蛋衣，番茄酱掩去海腥味，绝美的口感就此在口腔里爆炸开来，意犹未尽，痴馋难平。

再点一份鱿鱼煎豆腐更是完满至极，肥厚的鲜活鱿鱼Q弹爽滑，细嫩的豆腐清新可口，怪不得那舀得飞快，根本停不下来的手。

旅人换了一批又一批，刺刺作响的铁板不曾停过，海蛎煎匆匆入口，却迟迟不忘。

66号公路汉堡

宽阔广袤的田野、延伸到视线尽头的路、不羁的乡村音乐、分量十足的汉堡与啤酒……

美国66号公路(Route 66)，起始于风城芝加哥，斜贯美国版图，一直延伸到加州圣塔蒙尼卡，这是一条"母亲之路"，见证了无数人对自由与梦想的追逐。

怀着一份好奇，我见到了66号公路汉堡的创始团队，他们当中有致力于把最正宗的美式公路饮食文化引入中国的Derrick，还有两位搭档多年并且组建了乐队"中间方式"的音乐人——晓东、达达。选择自己的路，做喜欢的事，并坚持做到更好，是他们对公路文化的理解。66号公路汉堡由此诞生。

66号公路汉堡的特别之处在于食材的精挑细选和炭烤的烹饪方式，让汉堡的健康和美味被无限升级，而在令人赞不绝口的舌尖文化之外，富有感染力的音乐也是永不落幕的主题。在这里，我感受到一种可贵的特质与精神，是坚持梦想、胸怀远方、享受当下的状态，是永远年轻的心和从不止息的热爱……

鼓浪屿·厦门海底世界

一座水晶"海底龙宫",筑起关于大海的梦。

乘坐厦鼓渡轮到达鼓浪屿,一尊世界最大的章鱼铜雕与我相遇,它时刻舞动着"臂膀",用自己独特的热情为我开启了这趟海底龙宫之旅。厦门海底世界不仅美而浪漫,这里更是厦门市、福建省、全国三级"科普教育基地",也是"全国海洋科普教育基地"。由"企鹅淡水鱼馆""鲸豚标本馆""海洋馆""海底隧道""海洋表演馆"五个特色展区给大家串联起了一个神秘的海底世界。

漫步海底世界展馆,一头长达18.6米、重达48吨的"潜水冠军"抹香鲸制成的标本以一种恒久的方式与我会面,据介绍,该抹香鲸标本是目前世界上保存最完整最大的标本之一,也是厦门海底世界的镇馆之宝,透过抹香鲸庞大的躯干,我仿佛看见了它穿越海底的森山峡谷、洄游于南北的海上奇遇……澳洲的海龙、大西洋的锯鳐,美国密西西比河的匙吻鲟,秘鲁的企鹅,巴西亚马孙的巨骨舌鱼……还有我国近海、印度海、澳洲海域及亚马孙河等世界流域内的350多种超万尾知名珍奇水生动物在这里彼此遇见,擦肩,抢食,私语,共舞……在它们的身上,记录着这个地球的万千演变,带领我们见证水生世界的千奇百趣,让孩子们隔着玻璃展窗也会雀跃起来,一起加入到这场游鱼的嬉戏。

下午2点的海狮表演如约而至,呆萌的海狮温蒂与我握手,带给我独特的问候方式。那一刻,我与大海,如此亲近。

观复博物馆厦门馆

我闯入的,可是一个富贵之家?不然,何以置得这满堂的花梨韵、紫檀香?

那古典雅素的,定出于明;那装饰华美的,必得于清。它们仿佛前世早已约定,若都把浮华看透,便在这岛上相遇,守一片海阔天空。于是,一卯一榫,缠绵如当年。

瓷器的见面,要热闹许多。首先惊叹彼此的美丽,我色白花青,你彩蝶欲飞,她形制妖娆……然后细细问起,你来自哪一朝,哪一窑?谁是你的天子,你的王?

百年的菽庄花园,总让它们想起曾经的后院。只因那最初的主人,也曾摘得院中一朵芍药,变它为最美的花插;也曾在亭下宴客,用它斟千杯美酒,吟下了多情的诗。

转眼经年,参差的岁月已烙在身上,它们在故物堆里被一双慧眼看中,归随了共同的主人:马未都先生。马先生生就了一双能触摸到历史的手。经他把玩的,从来不是俗物。

他将这滔滔私藏与世人分享,用三千遗存为传统文化招魂。

万物并作,吾以观复。

宫保第·文化传播

我,曾步履匆匆,穿过熙攘的人群,来到这里。听着轮渡的钟声,望着对面静谧的浪漫琴岛,这里是梦开始的地方。一群朝气蓬勃而又天马行空的年轻人,怀揣着小小梦想,于2012年阳春三月,开启了追梦的旅程……

我们既传统又时尚。

为省、市企事业单位策划、执行过多场活动。在海峡论坛。闽台同名村镇续缘之旅的晚会上,见证了同名村乡亲割舍不断的两岸情;在全球三大选美盛典之一的国际小姐中国大赛中有我们奔忙的身影,曾主办过省级区赛,全场的座无虚席,观众们的频频点赞,是对我们最大的鼓励与肯定……

因为深爱着这座城,毅然决然地走上了写作的道路。在由中国旅游出版社出版、全国发行的书籍《舍不去的厦门》里,细腻的文字无不透露出对这座岛城悠长眷恋的情怀……《厦一站·心行》《几何集美》是又一新的里程,对于介绍清新福建元素的《舍不去的乡愁》,我们蓄势待发。

回首过来的路,有过汗水、泪水,曾笑着细数取得的喜人成绩,也曾感到彷徨却依旧坚持梦想。而如今阔步前行,我们充满希望。期待与您共赴新程……

舒友·凯利之星 / 凯利之悦

舒友·凯利之星

凯利之星，作为世界上最大也是最专业的汽车独立改装厂巴博斯（Brabus）在厦门的唯一代理商，其在为厦门巴博斯发烧友提供原汁原味的巴博斯原厂改装车和个性定制服务的同时，亦经营各大汽车口岸的"平行进口车"、各大豪华品牌全系新车的4S分销等。在这里，你会看到"车世界"的一切可能。

高端车行，配高端餐饮。在翔云一路凯利之星二楼，凯利之悦在素雅中透着奢华范儿的新中式风格让人眼前一亮，从钻面切割造型的大厅、到用红酒柜铺陈开的走廊、再到每一处精心选配的装饰画和灯具，都显示出餐厅经营者的高品位。

舒友·凯利之星

舒友·凯利之悦

舒友·凯利之悦

更多的"心机",在厨房里。凯利之悦独创厦门唯一高端石锅蒸汽原烹饪模式,用蒸汽烹饪锁住食材的鲜味和营养。曾于此尝鲜,蒸汽海鲜、卤蛇段、龙凤汤、香煎卢鳗……每一口,都有丰富的体验。

"凯利之星"为豪华品牌汽车销售公司,利用强大的资本优势和经营多年的汽车资源优势,经营"平行进口车""汽车经纪"等业务,是德国巴博斯在厦门的授权经销商。"凯利之悦"为集团旗下餐饮服务公司,素雅精致的装修,采用高端石锅蒸汽原烹饪模式,为会员提供高品质的美食享受和机场离岸贵宾服务,是商务应酬和朋友聚会的最佳选择。

盛发集团

天青水碧，椰风树影，凤凰花开，白鹭满枝……开车行驶在厦门，这片"金砖会议"即将登陆的土地毫不吝啬地赐予我们"厦门蓝"，明媚如宫崎骏笔下的一幅灵动的水彩 。生态为先，绿色崛起，环保事业对于这座城市的"蝶变"有着格外特殊的意义。

在厦门软件园三期，便有一家企业——盛发环保，以"碧水蓝天"为愿景，以水污染和大气污染治理为己任。公司拥有国家级示范工程，承担环保部脱硫废水零排放课题，并自主研发出WHUS新型余热利用脱硫废水零排放解决方案，填补了国内低成本处理脱硫废水零排放的空白，达国际先进水平。

盛发环保，是厦门盛发集团的一个重要分支。而盛发集团这棵大树，深深扎根于电力的土壤，往电力设备维护检修、智能电网设备制造，甚至是基金、新能源、物流、商贸等领域抽枝散叶，蔚然成荫。愿，这棵大树传承发展，基业长青！

厦门盛发集团总部位于厦门软件园三期，是集电力环保和金融投资为一体的多元化产业企业，以电力环保为根基，同时向基金、物流联运、新能源、商贸等多维度、多领域金融投资配套的高新现代化集团发展。

盛发环保是厦门盛发集团旗下专业从事水污染治理的国家高新技术企业，以产业化火电厂污（废）水零排放精益服务商为战略定位。公司基于高度自主的科技创新研发和工业实践成果转化能力，目前与大唐环境产业集团、西安热工研究院等国内知名发电央企环保公司和科研院所建立战略合作关系，共同研究开发国内外工业污（废）水治理市场，为全球水污染环境保护事业添砖加瓦。

展望未来，厦门盛发集团追随"拥有核心技术、提供专业服务、打造绿色产业"的伟大愿景，秉持责任、合作、沟通、卓越、团队、智慧与创新的核心价值观，传承龙马精神，不断努力、不断进步、不断超越，未来发展成为全球领先、基业长青的高科技产业集团！

同舟济——厦门宝荣通美术馆

生活中需要一些虚度的时光，忘了窗外的三千滂沱，只安然读一首长诗、听一曲蓝调、观一幅水墨、临一帖苍劲……让内心深处的柔弱之花启颜开放、沐春风十里、得暗香盈袖。

厦门文化艺术中心，为了这些虚度的时光，建立起一座城市的精神空间。或许，这才是建筑更深层的善意：在物理空间之外，让灵魂有所栖。

都说天堂应该是图书馆的模样。那么，在图书馆里盛放的美术馆，该是这天堂里的一朵红莲？一曲梵唱？

厦门宝荣通美术馆位于美丽温馨的"海上花园城市"——鹭岛·厦门,坐落于厦门市文化艺术中心图书馆展览厅,全馆建筑面积近1000平方米,展线200多米,高度4米,可展览200幅以上作品。可举办大型画展、名家笔会、拍卖会、学术讲座交流、书画经纪等一条龙服务。宝荣通美术馆自诞生起就以弘扬传统艺术、促进书画交流、开拓书画市场、推举学院派实力名家、挖掘中青年书画家、提升艺术品鉴收藏爱好者的鉴赏和修养为责任;始终以提供当代书画名家真品和优秀中青年书画精品力作为桥梁,打造一个书画家、投资收藏家、品鉴爱好者以及市场共生共成长的交流文化平台。

行走在宝荣通美术馆,遁入画师的妙境。仿佛看见那个在灯下执笔的少年,信手涂来春草生,点点微茫秋风起,笔锋陡转成丘壑,一笔浓淡云雾里……他同这座城市一样,有十分笔力,三分画景,七分画心。

尾声祝福……

我们心怀感恩,继续前行

　　他们说,《厦一站·心行》中,细腻的文字让他们从另一种角度领略了厦门的文艺与清新。经常有朋友问我,厦门有什么好玩的地方或者诸如此类的问题,作为厦门旅游行业的一份子,一直以来就想让身边或者更多的朋友们领略美丽厦门的一点一滴。

　　历时一年,从策划方案到征集各个区的入编内容,从每个景区(点)的图片拍摄到文案撰写,本应于年前发行的书籍,为追求更好的品质,今天终于正式与大家见面了。

　　此前已有编印发行过书籍,深感写书的不易。所以在此次的编写过程中特别感谢各个区旅游局的大力支持以及身边的老师和友人的厚爱,正是有了各位的帮助才得以完成此书。也将以此为新的起点与动力,创作出更多、更好的作品。

　　愿"厦门一站",如甘泉般把美丽心情沁入热爱此地的游客、居者的心扉……祝福大家!

作者

2017年2月14日于鹭江畔

厦门旅游新媒体矩阵			
厦门旅发委	visitxm	厦门胡里山炮台	xmhlspt1893
厦门市旅游质量监督管理所	zjs_xmtravel	厦门旅游培训中心	xmttc-cn
思明旅游	siminglvyou	乐游湖里	leyouhuli
集美旅游	jmtravel	海沧旅游	xmhcta
厦门市同安区旅游局	xiamentonganlvyou	翔安旅游	xianganlvyou
厦门旅游集散服务中心	xmlytsc	厦门旅游通	xmlyyzt

厦门旅发委

指导单位：
厦门市思明区旅游局
厦门市湖里区文体出版旅游局
厦门市海沧区旅游局
厦门市同安区旅游局
厦门市翔安区文体广电出版旅游局
主编单位：厦门市旅游协会
主办单位：厦门市宫保第文化传播有限公司
协办单位：厦门市同舟济集团宝荣通文化经纪有限公司
制作单位：厦门市雨田文化传媒有限公司

厦一站
心行

顾问：彭一万 谢进元
主编：雷鑫
副主编：陈慧楠 钱欢
摄影：雷鑫 杨辉龙 /Mileeo
摄影助理：陈美廷 黄腾翔 章婉泓
设计：开开
采编：陈美廷 毛元妮 陈诗